体が整う

とっておきの
しょうが
レシピ

平柳要 監修
森島土紀子 著

ナツメ社

しょうがを好きになってほしい！
薬効のあるしょうがを
もっとおいしく！　もっと手軽に！

　しょうがの魅力に取り憑かれたのは子どもの頃。お寿司屋さんに行くと、ガリばかり食べていたと、よく母が言っていました。そして、しょうがの底力とおいしさを意識し始めたのは、30年以上前のこと。

　昔は、自宅で子ども造形教室やテニスウェアーや子ども服を作って、フリーマーケットやお店に出したり、私が卒業した美大の先輩陶芸家の平賀妙子先生に弟子入りし、陶器を焼いたりしていました。

　30年前に6歳上の友人と二人で始めたのは、仕事着屋しょうが。名前を決めるとき、一番大事にしているもの、大好きなものは何かな？と考えてみると、大事な生活の隠し味、しょうがだーー！と閃きました。そのお店は、お花のアレンジ、家庭着やエプロンや小物、そして陶器などを販売する、オ

リジナルgoodsを置いていました。1年後には、二人で料理屋さんをやろうと決意し、当時、日本中、世界中探してもどこにもないと言われていた、しょうが料理専門店を始めました。私が手掛けた4店舗の器は、私が焼いたものです。

　私は、しょうががなければ、料理は作りません。しょうがが入っているだけで、料理はグンとおいしくなりますし、体にいいこと尽くめです。毎日しょうがを食べているからこそ、元気で、若々しくいられるのかもしれません。

　もうすぐ70歳になりますが、まだまだやりたいことがあり、最後の夢（原点に戻る）を叶えるために、まだまだがんばろうと思っています。

しょうがの女神　森島土紀子

毎日しょうがを取り入れると こんないいこと

1

メタボが 解消できる！

中高年になると問題視されるのが、生活習慣病の一歩手前の段階といわれるメタボリックシンドローム。運動不足や食習慣の乱れなどから太りやすくなるのが原因です。しょうがを毎日取り入れることで、エネルギー消費量が上がることがわかっているので、内臓脂肪などに悩む人の強い味方です。

2

体温が上昇して 免疫力アップ

しょうがを継続して取り入れると、体温が上昇し、免疫力がアップすることがわかっています。体温が低いと、血流が悪くなり、栄養が全身に行き届かないため、免疫力が低下します。一方で体温が上がると、血流がよくなり、栄養が体のすみずみまで行き届くようになるので、細胞が生き返り、免疫力もアップするのです。

3

血管を広げて 血圧を下げる

年齢を重ねるごとに、高血圧で悩む人も多くみられます。しょうがは血管を収縮させるアンジオテンシン変換酵素（ACE）の働きを抑え、またカルシウムが血管細胞内に入って血管を収縮させないようにして降圧効果を発揮します。積極的に取り入れ、高血圧の予防に役立てましょう。

4

血糖値の急上昇を 抑える

糖尿病を引き起こす主な原因は、糖質の摂りすぎ、運動不足、ストレスといわれています。乱れた食習慣や生活習慣が続くと、血糖値が急上昇し、発症するのです。しょうがには、インスリンの働きを高め、血糖値の急上昇を抑える作用があるので、こまめに取り入れて、糖尿病予防にも役立てましょう。

しょうがが体にいいことは知っているけれど、どんな薬効が
あるのかを知らない人も多いはず。毎日しょうがを取り入れて、
体の不調を改善し、健康な毎日を送りましょう。

5

中性脂肪、
悪玉コレステロールの
低下

メタボリックシンドロームを発症する原因
の一つに、中性脂肪値や悪玉（LDL）コレ
ステロール値が上がる脂質異常症があげら
れます。しょうがには、これらの血中脂質
を減らす効果があることがわかっています。
最近の健康診断の結果で、中性脂肪などの
数値が気になる人は、毎日しょうがを取り
入れて改善していきましょう。

6

認知症の
予防にも！

高齢化社会の中、年々増加する認知症。近
年では、約68％を占めるアルツハイマー
型の予防に、しょうがが注目されています。
しょうがに含まれる成分には、抗炎症作用
や神経保護作用があり、認知症の原因の慢
性炎症を改善し、記憶力の保持、アルツハ
イマー型認知症の発症予防や進行の抑制な
どの効果があると期待されています。

7

毛細血管の
血流アップで肩こり解消

つらい首こりや肩こりは、首や肩の血流が
悪くなっていることが原因です。しょうが
に含まれる成分には、血管を広げたり、血
液をサラサラにしたりする効果もあります。
血流が良くなり、体のすみずみの毛細血管
まで栄養が行き渡るので、首こりや肩こり
の解消にもつながります。悩んでいる人は、
積極的に取り入れてみて。

8

消炎・鎮痛作用で
頭痛や関節痛にも

しょうがの効能として一番と言っても過言
ではないのが、抗炎症作用。体内で慢性の
炎症が繰り返されることが原因の動脈硬化
や慢性関節炎などは、しょうがを取り入れ
ることで、その炎症をおさめる効果が期待
できます。また、鎮痛作用もあるので、頭
痛や関節痛の緩和にもよいといわれていま
す。

Contents

Part 1
毎日手軽に取り入れる！
しょうがの万能調味料＆活用レシピ

Part 2
かけるだけ！ 和えるだけ！
しょうがソース＆タレとおかずの素

Part 3
名店『生姜料理しょうが』で
大人気メニューと
おつまみレシピ

しょうが解剖図鑑

しょうがにはさまざまな薬効がありますが、実は、まだまだ知らない魅力がたくさん。ここではさまざまな角度から、しょうがを徹底解剖！きっと、しょうがのことが好きになるはず。

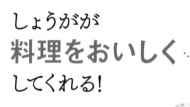

しょうがが
料理をおいしく
してくれる！

しょうがの辛味や香りは、体にいいだけではありません。料理を断然おいしく仕上げてくれるのです。少し入れるだけで爽やかな香りとピリッとした辛味が食材の旨みを引き立たせます。

和・洋・中・エスニック・
デザートまで
すべてになじむ

しょうがというと、和食のイメージですが、中国料理、韓国料理、エスニック料理にもよく使われます。そして、洋食やデザートとも相性◎。加えれば、絶妙な味のアクセントに！

しょうがはそもそも
地下茎を食べる香味野菜

しょうがといえば、一般的に食べられているのは根の部分ではなく、肥大化した地下茎の部分。葉しょうがは、地下茎からピンクの茎の部分までは食べられますが、葉は食べられません。

古くから漢方薬として
使われてきた

紀元前から中国で漢方の生薬の一つと
して用いられているしょうが。漢方に
は生姜（ショウキョウ）と乾姜（カンキ
ョウ）があり、生姜は健胃作用など、
乾姜は体を温める作用などがあります。

品種は大きさによって
大・中・小に
分けられる

しょうがの品種や呼び名は、出荷時の
状態や根茎の大きさによって変わりま
す。根茎の重量によって、大しょうが
（大身）、中しょうが（黄金）、小しょ
うが（三州）に分けられます。

芽の部分も
おいしく食べられる

じゃがいもの芽にはソラニンという毒性成分が
あるので取り除きますが、しょうがの芽は、毒
性がありません。甘酢漬けやしょうゆ漬けにす
るとおいしく食べられます。

薬効を得るなら
ひねしょうが

しょうがには、新しょうがや葉しょうがなどの
種類がありますが、ひねしょうがは貯蔵する時
間が長い分、薬効のある辛味成分が豊富。薬効
を得たいなら、ひねしょうががおすすめです。

しょうがの生産地 Map

しょうがはどこで作られているの？という素朴な疑問にお答えします。
生産地として定番の土地から、意外な土地までさまざま。
その土地の特徴も見ていきましょう。

2位 熊本県
4,850トン

国内でも有数のしょうが生産地として知られる熊本県。繊維が少なく、まろやかな食感が特徴の八郎しょうが、おたふくしょうがが有名。

1位 高知県
17,600トン

しょうがといえば高知県！生産量はダントツの1位。品種は黄金しょうが、近江しょうがなど。繊維が少なくおろしやすいのが特徴。

8位 長崎県
1,270トン

豊かな水と自然に囲まれた長崎では、長崎一号（おたふく）など、大しょうがを主に栽培。果肉が乳白色で清涼感のあふれる風味が特徴。

6位 鹿児島県
2,050トン

大隅半島で栽培された黄金しょうがは、みずみずしく、鮮やかな黄金色。奄美諸島で栽培された奄美しょうがは香りが強いのが特徴。

5位 宮崎県
2,600トン

土佐一号の大しょうが、黄金しょうがなどの中しょうがをメインに栽培。海岸に隣接した砂地の佐土原町はしょうがの名産地として有名。

7位
静岡県
1,680トン

温暖な気候と日照量の静岡市南部の久能地区は、日本有数の葉しょうがの産地で、収穫量、出荷量ともに全国1位。久能葉しょうがが有名。

4位
茨城県
2,960トン

都市近郊型農業を行ない、しょうがの栽培に力を入れている茨城県。大しょうがの他、葉しょうがは収穫量、出荷量ともに3位。

3位
千葉県
4,840トン

谷中・金時・三州しょうがなどの葉しょうががメインで、葉しょうがの収穫量、出荷量は全国2位。爽やかな香りと辛味が特徴。

9位
愛知県
627トン

愛知県は金時しょうが（矢しょうが）の名産地。また、碧南の葉しょうがも有名。爽やかな香りと辛味が強く、小粒で芽が紅いのが特徴。

10位
埼玉県
334トン

見沼田んぼは谷中しょうがの一大生産地、川口市は、金時しょうがの産地として有名。香りと辛味が強く、生で食べるのもおいしい。

＊農林水産省の令和2年度の作況調査（野菜）をもとに作成

しょうがの種類と選び方、長持ちする保存法

スーパーなどの生鮮食品コーナーでよく見かけるしょうがは、
出荷時期や大きさによって様々な種類に分けられます。
新鮮で良質なしょうがの選び方と保存法もマスターしましょう。

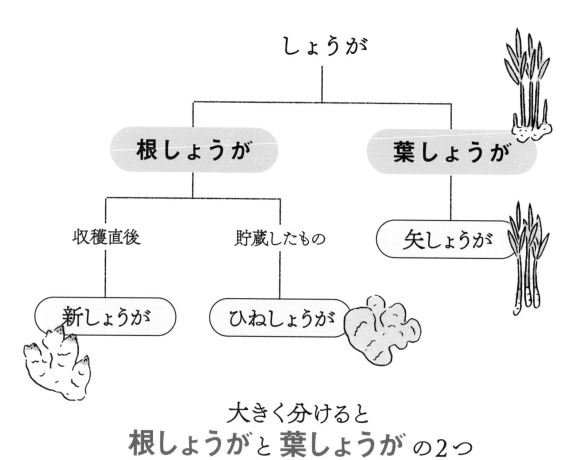

しょうが

根しょうが　　　　葉しょうが

収穫直後　　　貯蔵したもの　　　矢しょうが

新しょうが　　　ひねしょうが

大きく分けると
根しょうがと葉しょうが の2つ

しょうがは、大きく分けると根しょうがと葉しょうがに分けられます。根しょうがは、しょうがの肥大した地下茎の部分。その中で、収穫したてで出回るのが新しょうが、収穫して貯蔵した後に出回るのがひねしょうがです。葉しょうがは、しょうがの地下茎がまだ小さくやわらかいうちに、葉がついたまま収穫されたものを指します。また、

大きさによっても3種類に分けられます。大しょうがは晩生種で、重さが1kg前後のもの。スーパーや青果店で見かけるしょうがはこの大しょうがです。中しょうがは中生種で、重さは500g前後。ほとんどが漬物や加工品として使われます。小しょうがは早生種で、重さは300gほどのもので、葉しょうががこれにあたります。

1

ひねしょうが

私たちが通年、目にしている普通のしょうがは「ひねしょうが」。ひねしょうがの「ひね」は、漢字で「老成」や「古根」と表しますが、別名「囲いしょうが」とも呼ばれています。収穫して2カ月以上貯蔵してから順次出荷されるので、余分な水分が抜け、辛味や香りが強くなっているのが特徴。ひねしょうがは薬味としてちょうどよく、中国料理や韓国料理などの香りと風味づけの香味野菜としても使われます。貯蔵している分、薬効のある辛味成分がしっかり蓄えられるので、辛味成分を取り入れたいなら、ひねしょうががおすすめです。

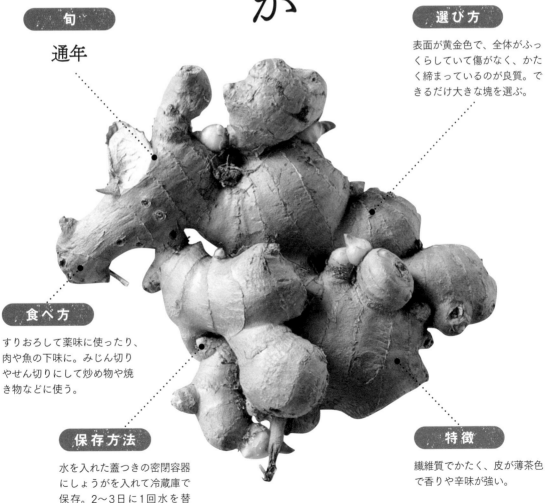

旬

通年

選び方

表面が黄金色で、全体がふっくらしていて傷がなく、かたく締まっているのが良質。できるだけ大きな塊を選ぶ。

食べ方

すりおろして薬味に使ったり、肉や魚の下味に。みじん切りやせん切りにして炒め物や焼き物などに使う。

保存方法

水を入れた蓋つきの密閉容器にしょうがを入れて冷蔵庫で保存。2〜3日に1回水を替えると長持ちする。

特徴

繊維質でかたく、皮が薄茶色で香りや辛味が強い。

2

新しょうが

新しょうがは、収穫したてで出荷される根しょうがのこと。一般的に夏が旬と思われがちですが、路地ものは9〜10月が旬。初夏に出回っているのは、早どりされたものか、ハウス栽培のものです。新しょうがは、ひねしょうがに比べて皮が薄く、水分を多く含み、繊維質が少な

くやわらかいのも特徴。辛味が少ないので、薬味というよりは、生で食べるのがおすすめ。せん切りにしてサラダで食べたり、和え物に使っても。また、早く傷みやすいので、常温で保存するよりは、冷蔵保存、冷凍保存を。酢漬けや塩漬けにして保存するのもいいでしょう。

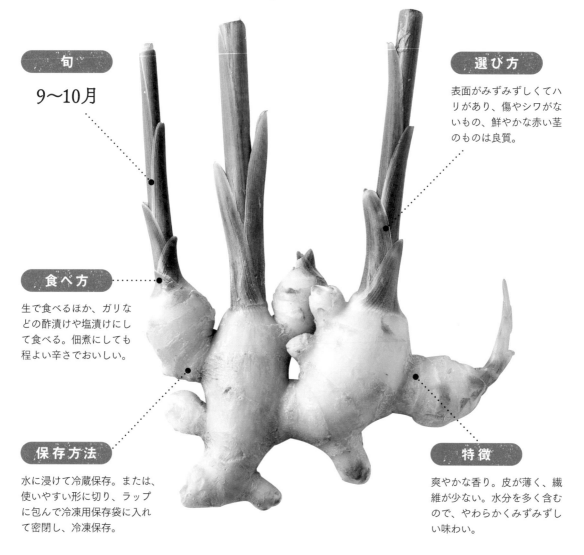

旬

9〜10月

選び方

表面がみずみずしくてハリがあり、傷やシワがないもの、鮮やかな赤い茎のものは良質。

食べ方

生で食べるほか、ガリなどの酢漬けや塩漬けにして食べる。佃煮にしても程よい辛さでおいしい。

保存方法

水に浸けて冷蔵保存。または、使いやすい形に切り、ラップに包んで冷凍用保存袋に入れて密閉し、冷凍保存。

特徴

爽やかな香り。皮が薄く、繊維が少ない。水分を多く含むので、やわらかくみずみずしい味わい。

3

葉しょうが（谷中しょうが）

葉しょうがは、根茎が2〜3cmぐらいの小さいうちに葉がついたまま収穫して出荷され、初夏〜秋に出回ります。谷中しょうがや金時しょうが、三州しょうがなどが代表的。選ぶときは、葉が緑色でみずみずしく、根茎の部分が白っぽいものを選びましょう。辛味が少なく、爽やか

な香りがあるので、みそをつけてそのまま食べたり、甘酢漬けにしたりします。白い根茎の部分から、ピンク色の茎の部分まで食べられます。はじかみで知られる「矢しょうが」は、葉しょうがの一種で、金時しょうがを軟化栽培した芽しょうが。和食のあしらいに使われます。

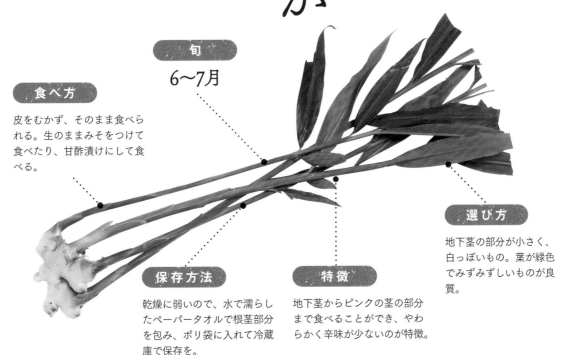

旬
6〜7月

食べ方
皮をむかず、そのまま食べられる。生のままみそをつけて食べたり、甘酢漬けにして食べる。

選び方
地下茎の部分が小さく、白っぽいもの。葉が緑色でみずみずしいものが良質。

保存方法
乾燥に弱いので、水で濡らしたペーパータオルで根茎部分を包み、ポリ袋に入れて冷蔵庫で保存を。

特徴
地下茎からピンクの茎の部分まで食べることができ、やわらかく辛味が少ないのが特徴。

乾燥しょうが・しょうがパウダーのこと

乾燥しょうがは、しょうがを薄切りにして、長時間蒸してから、天日干しをして乾燥させたものを、フードプロセッサーなどで粉末状にしたもの。市販のしょうがパウダーを使えば、手軽にしょうがを取り入れられます。

体を温めるだけじゃない!

しょうがの栄養成分と さまざまな健康効果

私たちの食生活に欠かせないしょうがは、体を温めるだけでなく、
さまざまな健康効果があることが近年の研究結果でわかっています。
まずは栄養成分を見ていきましょう。

辛味の もとになる成分が 栄養の主役!

しょうがの薬効の主役は、辛味のもとになる「ジンゲロール」と「ショウガオール」の2大成分。これらの成分は、強力な抗酸化、抗炎症、抗糖化作用を持つので、アンチエイジング効果や細胞の活性酸素を排除する効果が期待されます。また、ジンゲロールには発汗・解熱作用、殺菌作用、健胃作用、制吐作用などもあり、ショウガオールには体を芯から温める冷え性改善作用、脂肪燃焼作用、神経保護作用などもあります。

香りのもとになる成分、 食物繊維、ビタミン、 ミネラルも豊富!

しょうがに含まれる辛味成分以外で、注目したいのが香り成分。シネオール、ジンギベレンなど、数百種類もの香り成分が含まれており、これらの香り成分にも抗酸化作用や抗菌作用が期待できます。それ以外にも、腸内環境を整え、便通をよくする効果のある食物繊維、抗酸化作用が期待できるビタミンC、β-カロテン、ビタミンB群、カルシウム、マグネシウム、カリウムなども含まれています。香り成分や栄養成分は皮の近くに多く含まれているので、皮ごと食べるのが理想です。

しょうがに含まれる成分

\末梢血管を広げて/
\発汗を促す!/
ジンゲロール

生のしょうがに含まれている辛味成分。加熱すると、ジンゲロールの一部がショウガオールに変化する。

\抗菌、抗ウイルス、/
\抗炎症効果も!/
シネオールなどの
香り成分

しょうがには数百種類もの香り成分がある。主にシネオールやジンギベレンには、抗菌、抗ウイルス、抗炎症効果、食欲増進効果も。

\体の芯から温める!/
\加熱するのが◎/
ショウガオール

ジンゲロールの一部が加熱によって変化して生成される成分。体を芯から温める効果があるので、冷え性に効果的。

\腸内環境を改善!/
\血糖値の上昇を防ぐ!/
食物繊維

不溶性食物繊維を含み、善玉菌を増やして腸内環境をととのえるので、便通の改善に。急激な血糖値の上昇を防ぐ効果も。

\抗酸化作用、/
\疲労回復効果も!/
ビタミン類

微量ではあるが、抗酸化作用のあるβ-カロテン、ビタミンC、疲労回復効果のあるビタミンB群などが含まれる。

\骨や筋肉の代謝を/
\助ける微量栄養素/
ミネラル

骨や筋肉の代謝を助けるカリウム、マグネシウム、リン、マンガンなどのミネラルも含まれる。

効果 1 体温上昇効果

しょうがの健康効果で、一番に思いつくのが、体を温める効果。これは、滋賀県立大学で行われた実験でも確認されています。同じ条件でしょうが水を飲んだ女子学生と常温の水を飲んだ女子学生の1時間後の額などの表面温度を測定したところ、しょうが水を飲んだ人の方が額の温度が高まったことがわかっています（右グラフ参照）。ショウガオールはしょうがを加熱することでジンゲロールから生成される成分なので、体温を上げたい時はしょうがを温めて使うのがベスト。

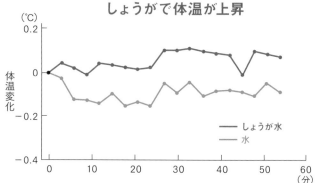

しょうがで体温が上昇

しょうがを溶いた水を飲んだ場合だけ、摂取後すぐに額の温度が上昇し、その効果が1時間後も持続した。
出典：日本栄養・食糧学会誌,58(1),3-9,2005

主に注目したい！

辛味成分ジンゲロールと

効果 2 基礎代謝量を増やし、エネルギー消費量をアップ

しょうがを食べることで体温が高まると、基礎代謝量（安静時のエネルギー消費量）も増えることがわかっています。生のしょうが10g相当の抽出物をとったグループと、20g相当をとったグループを比較した実験では、どちらもエネルギー消費量がアップしましたが、20g摂取したグループの方が、10g摂取したグループに比べ、エネルギー消費量が約1割増えました。つまり、エネルギー消費量としょうがの摂取量は比例するといえます。生のしょうがに多く含まれるジンゲロールは、脂肪分解酵素リパーゼを活性化するうえ、脂肪の吸収を抑えますし、しょうがを加熱すれば、さらにショウガオールによる脂肪燃焼効果を得ることもできます。

しょうがでエネルギー消費量が増える

生しょうが20g相当

生しょうが10g相当

女性19人にしょうが抽出物をとってもらったら、エネルギー消費量の増加が見られ、その効果は摂取後3時間続いた。
出典：人間工学,45(4):236-241,2009

効果 3 インスリンの働きを高め、血糖値の急上昇を抑える

中高年の悩みの一つ、メタボリックシンドロームは、内臓脂肪型の肥満に加え糖尿病、高血圧、脂質異常症などの症状を2つ以上発症した状態を指します。その原因の一つに高血糖が挙げられますが、しょうがの辛味成分のジンゲロールやショウガオールには、インスリンの働きを高め、血糖値の急上昇を抑える作用があることがわかっています。イランの大学で2型糖尿病患者に1日2gの粉末しょうがをとってもらい、12週間の経過を調べた結果、血糖値の低下とヘモグロビンA1cの数値が改善されたことが報告されています。

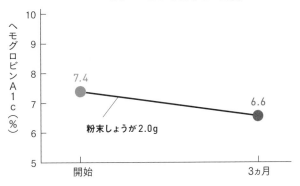

ヘモグロビンA1cが改善

縦軸：ヘモグロビンA1c（％）

7.4（開始）→ 6.6（3ヵ月）

粉末しょうが2.0g

イラン・テヘラン医学大学の研究（2015年）より
出典：Iran J Pharm Res,14(1):131-140,2015

ショウガオールがもたらす健康効果

効果 4 悪玉コレステロール値や中性脂肪値を下げる

メタボリックシンドロームの対策では、脂質異常症を予防、改善することが大切。しょうがの辛味成分であるジンゲロールなどには、脂質異常症の原因になる中性脂肪や悪玉コレステロールの体内への吸収を抑えるほか、血液をサラサラにする効果もあります。脂質異常症の患者を、粉末しょうがを1日3gとってもらうグループと、乳糖を同量とってもらうグループに分けた試験では、粉末しょうがをとったグループの方が中性脂肪と悪玉コレステロールの減少及び善玉コレステロールの増加が確認されてます。

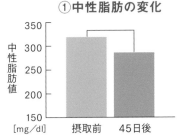

①中性脂肪の変化

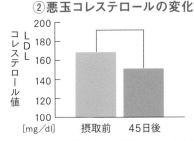

②悪玉コレステロールの変化

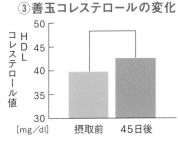

③善玉コレステロールの変化

脂質異常症の患者45人に粉末しょうがを1日3gとってもらう試験を行った結果、血中の中性脂肪値とLDL（悪玉）コレステロール値が有意に減少し、HDL（善玉）コレステロール値が明らかに増えた。イランのバボル医科大学の研究（2008年）より。
出典：Saudi Med J,29(9)：1280-1284,2008

19

BON BON HOME

薬効がアップする！
切り方&すりおろし方&調理方法

普段、何気なく使っているしょうが。強い抗酸化、抗炎症作用を持つ辛味成分や香り成分を効果的に摂取するためには、どんな使い方をするといいのでしょうか。薬効の高い辛味成分と香り成分のほとんどは、皮の近くに含まれているので、皮はむかずに、まるごと使うのがベスト。黒ずんだ部分は包丁で取り除き、あとは皮ごと料理に合わせて切ったり、すりおろして使いましょう。切り方は、主に薄切り、せん切り、みじん切りがありますが、細かく切れば切るほど、辛味成分や香り成分が料理に溶けやすくなるので、有効です。ただし、香り成分は空気に触れると徐々に揮発してしまうため、香りと薬効を効果的に得たいなら、使う直前に切ったり、すりおろしたりするのがおすすめです。

切り方 薬効を取り入れるなら、皮ごと切るのがベスト

黒ずんだ部分を取り除く

しょうがの黒ずんだ部分は包元を使って取り除きましょう。しょうがの芽はしょうゆ漬けなどにするとおいしいです。

･･･しょうがの芽も食べられる！

薄切り

しょうがの香り成分や辛味成分の多くは、皮の近くにあるので、皮を残したまま、端から薄く切ります。

せん切り

皮ごと薄切りにしたしょうがを重ねて、端からせん切りにします。

みじん切り

皮ごとせん切りにしたしょうがを揃えて、端からみじん切りにします。細かく切れば切るほど、薬効成分が溶け出しやすくなります。

すりおろし方 皮ごとすりおろすのが基本。すりおろしたらすぐに使って。

しょうがの皮の近くに、香り成分や辛味成分が豊富なので、皮ごとすりおろしましょう。すりおろすと有効成分が溶け出しやすくなり、体への吸収もよくなります。香り成分は揮発しやすいので、すりおろしたらすぐに使うようにしましょう。

調理方法 ショウガオールを多くとるには長時間加熱するのがベスト！

しょうがの薬効成分であるジンゲロールとショウガオール。ジンゲロールは、加熱することで一部がショウガオールに変化するといわれており、できるだけ長い時間しょうがを加熱すると、ショウガオールの含有量がアップします。中でも、ショウガオールを最大に増やすには「圧力鍋を使わずに100度で3時間以上加熱」が適切といわれています。ジンジャーシロップや、煮込み料理にしょうがを使うのがおすすめです。

生のしょうがに多く含まれる **ジンゲロール** ──長時間加熱→ **ショウガオール** に変化して体を温める効果がアップ！

生のしょうがは
1日10〜20g

粉末なら
1日1〜2g

適量を心がけて効率的に
薬効を取り入れて

しょうがの薬効を効果的に得るためには、1日あたり生の状態で10〜20gぐらい摂取するのがおすすめ。血流を促し、発汗作用を得たいならジンゲロールの多い生の状態を、体の芯から温めたいなら、ショウガオールの多い長時間加熱したしょうがを摂取するといいでしょう。凍結乾燥（フリーズドライ）ではなく、加熱乾燥させたしょうがパウダーであれば、効率的にショウガオールが摂取できます。しょうがパウダーなら、1日1〜2gを目安にするのがいいでしょう。

取りすぎは、胸やけや
下痢などを起こすことも

体にいいからと、分量を考えずどっさり食べる人がいますが、しょうがは胃や腸に与える刺激が強く、胸やけや腹痛、下痢などを起こすことがあるので注意が必要です。また、人によっては合わず、動悸やアレルギーを引き起こす場合も。特にしょうがパウダーは、生のしょうがと同じ感覚で、つい過剰摂取してしまいがち。適量を守るようにしましょう。

おすすめ！

しょうが白湯

体を芯から温めるショウガオールの薬効を最大に増やすためにおすすめなのが「しょうが白湯」。しょうが20〜30gを水洗いし、黒ずんだ部分を取り除き、皮ごと繊維に沿ってスライスして保温性の高い魔法瓶に入れます。熱湯を400〜500mℓほど入れて蓋をして、3時間以上おいたら完成。持ち運びもできて外出するときにも重宝します。お好みではちみつを加えても。

この本の特徴

おいしくて健康にもいいしょうがを毎日取り入れられるレシピが満載！
この一冊で、美と健康を手に入れましょう。

特徴 1
しょうがの万能調味料、ソース＆タレ、おかずの素など毎日使える作りおきレシピを紹介

本書では、8つのしょうがの万能調味料と5つのしょうがソース＆タレ、2つのおかずの素をご紹介。どれもたっぷり作って保存できるから、作りおきしておくと便利です。毎日の料理にどんどん取り入れて、おいしく食べることができるから、自然にしょうが生活が身につきます。

特徴 2
しょうがを無理なくおいしく取り入れる簡単レシピ＆名店レシピ

しょうがの万能調味料やしょうがソース＆タレ、おかずの素を作ったら、どんどん使いこなすのが一番！ これらを使ったドリンクやメインおかず、サブおかず、おつまみ、ごはん料理などを盛りだくさんにご紹介。名店、生姜料理しょうがの大人気メニューも惜しまず大公開です！

詳しい手順で失敗しらず
しょうがの万能調味料は、詳しい手順をわかりやすい写真で紹介。コツも記しているから、失敗しらず！

しょうがの万能調味料をすぐにわかるアイコンで表示
しょうがの万能調味料は、特に目に入りやすいように、アイコンで表示しています。

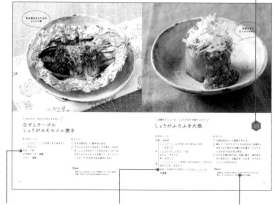

ひと目でわかる保存期間
保存期間は、冷蔵保存、常温保存をしておいしく食べられる期間を示しています。

すぐに活用！ こんな使い方アイデアも紹介
しょうがの万能調味料が完成したら、早速使いこなしたいもの。手軽に取り入れられるアイデアを紹介。

しょうがの万能調味料、ソース＆タレ、おかずの素は色分けしてわかりやすく表示
レシピの材料の中で、しょうがの万能調味料は緑、ソース＆タレ、おかずの素はピンク、しょうがは赤で色分けをしています。

トコさんより、ちょっとした料理のヒントをお届け
森島先生（トコさん）より、それぞれのしょうが料理について、ちょっとしたヒントをお届けします。

この本の使い方

- 本書はすべての料理にしょうがを使った本です。
- 計量カップは1カップ200㎖、大さじ1＝15㎖、小さじ1＝5㎖としています。
- 「少々」は小さじ⅙未満を、「適量」はちょうどよい量を、「適宜」は好みで必要であれば入れることを示します。
- 野菜類は特に記載のない場合、皮をむくなどの下処理を済ませてからの手順を説明しています。
- 電子レンジは600Wを基本としています。500Wの場合は、加熱時間を1.2倍にしてください。
- 保存期間は目安の期間です。季節や保存状態によって、保存期間に差が出るので、できるだけ早く食べ切りましょう。
- 保存の際には、食品の粗熱をしっかりと取り、清潔な箸や容器を使ってください。

毎日手軽に取り入れる!

しょうがの
万能調味料 &
活用レシピ

砂糖や油、酢やだしなど、毎日の料理に使う調味料で
少しずつしょうがを取り入れることろから、
しょうが生活をはじめてみませんか?
しょうがが料理のおいしさの底上げをしてくれること間違いなしです。

料理にしょうがを使うと
抜群のおいしさに！

８つの
しょうが万能調味料を作って
いつでも、
しょうが生活をスタート！

一般的なしょうが料理を思い浮かべると、しょうがをやたら大量に使って、ガツンとした刺激的な料理を思い浮かべるかもしれません。でも、そういう料理ばかり食べていると、胃もびっくりするし、消化にもよくないんですね。しかも、せっかく取り入れようとしているのに、しょうがの刺激が強すぎて、続かないのです。

　私は、無理なく、おいしく、毎日しょうがを取り入れています。だからこそ、面倒なことはしたくない！　そこでおすすめなのが、しょうが万能調味料。砂糖、酢、油などの基本調味料の代わりに使えるしょうが万能調味料をまとめて作り、瓶などに保存しておけば、使いたいときにすぐに使えて、しょうがを無理なく取り入れることができます。しょうがの風味が強すぎず、やさしい味わいだから、大人だけでなく、子どももいっしょに食べられます。余裕があれば、Part2で紹介しているしょうがソース＆タレを作っておくと、かけるだけ、加えるだけでおいしいしょうが料理ができるのでおすすめです。

トコさんと
いっしょに
スタート！

砂糖の代わりに…

ジンジャーシロップ＆
ポロポロジンジャーシュガー
→P28

しょうが酢
→P30

酢の代わりに…

油の代わりに…

しょうがガーリックオイル
→P32

魔法の粉＆
しょうがスパイス
→P34

粉＆塩・こしょうの
代わりに…

しょうがだしつゆ＆
簡単しょうがだし
→P36

めんつゆの代わりに…

しょうが調味料を使った
毎日しょうが生活で
健康と美容を
手に入れましょう！

ポロポロ
ジンジャーシュガー

保存もきくから、
一度作っておくと
甘みづけに便利

保存瓶はしっかり
消毒を忘れずに

ジンジャーシロップ

しょうがの風味とザラメの
コクが◎。やさしい
甘みを足す万能調味料

保存期間
冷蔵
1ヵ月

保存期間
常温
2ヵ月

ジンジャーシロップ

▶ **材料**（作りやすい分量）

しょうが… 100g
ザラメ… 500g
水… 600㎖

▶ **作り方**

1 しょうがは薄切りにする。

2 鍋に1、ザラメ、水を入れ、⅔の量になるくらいまで弱火で20〜30分煮る。

3 保存容器に2を入れる。

鍋に材料をすべて入れたら弱火でじっくり煮込む。

とろみが出てきて、約⅓量まで煮詰まってくるのを待つ。

疲れたときに
染み渡る甘み

＼ こんな使い方 ／

コーヒーや紅茶の シロップとして

アイスコーヒーにジンジャーシロップ適量を加える。

ポロポロジンジャーシュガー

▶ **材料**（作りやすい分量）

しょうがパウダー… 小さじ1
砂糖… 100g

▶ **作り方**

鍋に砂糖、しょうがパウダーを入れ、弱めの中火にかけ、木ベラを使い、手を止めずに混ぜる。砂糖が溶けてきたら弱火にして混ぜ、ポロポロになってきてからさらに10分ほど混ぜ続ける。

Memo

ホットコーヒーや紅茶に加えたり、フレンチトーストやラスク、ポークソテーなど料理の味つけに使っても。

しょうが酢

ほんのり酸味のついた
しょうがは、
酢飯や味つけにも
活用できる

しょうがを切ったら
漬けておくだけ！

保存期間
冷蔵
1ヵ月

30

▶ **材料**（作りやすい分量）

<u>しょうが</u>…30g

すし酢（市販）…200㎖

▶ **作り方**

1 しょうがはみじん切りにする。

2 保存容器に1、すし酢を入れ、冷蔵庫に1日以上おく。

加熱不要の
パパッとおつまみに

＼こんな使い方／
豆腐にかけて冷奴に

絹ごし豆腐適量に<u>しょうが酢</u>のしょうが適量をのせ、しょうが酢適量をかけ、小口切りにした小ねぎ適量を散らす。

Memo

市販のすし酢にみじん切りのしょうがを漬けるだけだから簡単！ 市販のすし酢は、酸味がマイルドで甘みが強いタイプがおすすめ。しょうが酢のピンク色は、新しょうがに含まれるアントシアニンという酵素によるもの。ひねしょうがで作るとピンクにはなりません。

しょうが ガーリックオイル

毎日の料理に使う油で
しょうがを手軽に
取り入れる

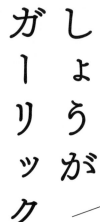

香りのある油なら
なんでもOK！

保存期間
常温
2ヵ月

▶ **材料** (作りやすい分量)
<u>しょうが</u>…20g
にんにく…2かけ
オリーブオイル（またはごま油）…200ml

▶ **作り方**

1 しょうがはみじん切り、にんにくは
薄切りにする。

2 保存容器に1、オリーブオイルを入
れ、一晩おく。

Arrange
サラダ油以外ならどんな油でもOK。
オリーブオイル、ごま油など、香り
のある好みの油に浸しておくと、料
理の幅が広がります。

少し塩をふれば
もうやみつき！

\こんな使い方/
バゲットにオイルを添えて

こんがり焼いたバゲット適量に<u>しょうが
ガーリックオイル</u>適量をつける。お好み
で塩、こしょうを加える。

Memo
バゲットにオイルを染み込ませてからト
ーストしてもおいしい。上に生ハムやチ
ーズをのせれば、あっという間にオード
ブルに。オリーブオイルで作った場合は
洋風のパスタやソテーに、ごま油ならチ
ャーハンや炒め物などに使うのがおすす
めです。

魔法の粉

スパイスといっしょに
混ぜ合わせておくだけ。
料理の幅が広がる！

好みのスパイスを
プラスしてオリジナルに！

しょうがスパイス

いつもの塩こしょうに、
しょうがの隠し味を

保存期間
冷蔵
2ヵ月

保存期間
常温
2ヵ月

魔法の粉

▶ **材料** (作りやすい分量)

<u>しょうがパウダー</u>…小さじ1
小麦粉・片栗粉 (または天ぷら粉)…各1カップ
カレー粉…大さじ2
ガーリックパウダー…小さじ1
昆布茶・ナツメグ・クミン…各小さじ½
コリアンダー・塩・こしょう…各少々

▶ **作り方**
材料をすべて混ぜ合わせ、
保存容器に入れる。

全体をしっかりとまんべんなく混ぜ合わせる。

しょうがスパイス

▶ **材料** (作りやすい分量)

<u>しょうがパウダー</u>…小さじ1
塩こしょう (市販)…50g

▶ **作り方**
材料をすべて混ぜ合わせ、保存容器に入れる。

スパイシーな味つけで食欲そそる!

\こんな使い方/
魚にふってソテーに

好みの切り身魚に<u>魔法の粉</u>適量をふってソテーし、<u>しょうがスパイス</u>適量をふる。

Memo

しょうがスパイスは、塩、こしょう、しょうがパウダーが最初からミックスされているから、味つけにピッタリ。焼き魚はもちろん、チキンソテーや野菜のグリル、スープの仕上げの味つけにもおすすめです。塩、こしょうは、ミックスされた市販のものを使うと簡単。

簡単
しょうがだし

丁寧にとっただしで、
料理の味を底上げ！

市販の白だしを使えば、
そろえる材料も
少なくて手軽！

しょうがだしつゆ

だしをとった食材は
ふりかけにして、
ムダなくおいしく！

保存期間
冷蔵
2週間

保存期間
冷蔵
2週間

しょうがだしつゆ

▶ **材料**（作りやすい分量）

しょうがの皮… 2〜3かけ分
煮干し… 5〜6本
しょうゆ・酒・みりん… 各200㎖
厚切り混合けずり節… 25g
かつお節… 20g
昆布… 約10㎝分

▶ **作り方**

1　煮干しは内臓と頭を取る。

煮干しの内臓と頭を取り、魚臭さや苦味が入らないように下ごしらえ。

2　鍋に材料をすべて入れ、中火で温め、沸騰直前に火を止め、冷ます。

沸騰直前に取り出して、旨み以外の成分が出てしまうことを防ぐ。

3　2が冷めたら、お玉などで押しながらザルなどでこし、しょうがの皮といっしょに保存容器に入れて冷蔵庫で保存する。

お玉などで押しながらこす。しょうがの皮はここで拾う。

メレンゲを乗せて、ふわふわのTKG！

〳こんな使い方〵

卵かけごはんに

器に盛ったごはん1膳にメレンゲ、卵黄各1個分をのせ、しょうがだしつゆ適量をかける。ふりかけ（右記）、小口切りした小ねぎ各適量を散らす。

Arrange ———

しょうがの皮以外の材料は細かくみじん切りにし、みじん切りにしたしょうが5g、白いりごま・ちりめんじゃこ各大さじ2を加えて乾炒りしてふりかけに。

簡単しょうがだし

▶ **材料**（作りやすい分量）

しょうが（せん切り）… 5g
かつお節… 10g
水… 200㎖
白だし（または薄口しょうゆ）
　・酒… 各大さじ2
昆布茶… 小さじ½

▶ **作り方**

1　鍋に材料をすべて入れ、中火で温め、沸騰直前に火を止め、冷ます。

2　ザルなどでこし、しょうがといっしょに保存容器に入れ、冷蔵庫で保存する。

すぐ取り入れられる！
ドリンクレシピ

シロップを炭酸水で割ったり、いつもの
ドリンクに足したりするだけ。
簡単に作れるしょうがドリンクから試してみて。

\ ゴクゴク一気に飲んじゃう！
これぞ本物の味！ /

真実のジンジャーエール

ジンジャー
シロップ

▶ 材料（1杯分）

ジンジャーシロップ（P28）…大さじ4
すりおろししょうが…適量
氷・炭酸水・レモン（またはレモン汁）
　・ジンジャーシロップのしょうが
　…各適量

▶ 作り方

グラスにジンジャーシロップ、すりおろ
ししょうが、たっぷりの氷を入れ、炭酸
水を注ぎ入れる。レモン、ジンジャーシ
ロップのしょうがをのせる。

Memo　ジンジャーシロップに
　　　　追いおろししょうがをプラス！

長年、しょうがの使い方を研究してきたトコさんがたどり着
いた、真実のジンジャーエール。上白糖でもグラニュー糖で
もなく、ザラメで作ることで独特のコクと旨みのあるジンジ
ャーシロップに。すりおろししょうがを加えて風味もアップ。
本物の味を味わって。

小腹がすいたときの
おやつにも！

フルーツたっぷりの
ひんやりスイーツ

ジンジャー
シロップ

ジンジャー
シロップ

\ 子どもが大喜び間違いなしの絶品シェイク！ /

ジンジャーバナナシェイク

▶ **材料** (1杯分)

<u>ジンジャーシロップ</u>（P28）… 大さじ2
バナナ… 1本
バニラアイス… 大さじ4
氷… 5〜6個
バニラエッセンス… 少々

▶ **作り方**

ミキサーに材料をすべて入れ、攪拌する。

Memo

バナナのほか、ブルーベリー、いちご、マンゴーなど、さまざまなフルーツで作れます。果物は冷凍しておくのも◎。

\ フルーツのビタミンをおいしくチャージ！ /

桃とブルーベリーの
ジンジャースムージー

▶ **材料** (1杯分)

<u>しょうがブルーベリーソース</u>（P122）… 大さじ3
<u>ジンジャーシロップ</u>（P28）… 大さじ2
桃缶… ½缶（200g）
氷… 5〜6個
バニラアイス… 大さじ4〜5

▶ **作り方**

ミキサーに材料をすべて入れ、攪拌する。

Memo

フルーツ缶を使うと、自然な甘みでさらにおいしく。桃缶の代わりに、みかん缶、パイナップル缶などでもおいしい。

スパイスを使って
本格的な味に！

作りおきシロップに
お湯を注ぐだけ！

ジンジャー
シロップ

ポロポロ
ジンジャー
シュガー

ジンジャー
シロップ

\ シナモンがふわっと香る /

ジンジャーマサラティー

▶ **材料**（1杯分）

A
牛乳…200㎖
紅茶葉…小さじ1
クローブ…2個
シナモンスティック…2〜3㎝分

B
ジンジャーシロップ（P28）…大さじ2
バニラエッセンス…1〜2滴

ポロポロジンジャーシュガー（P28）…適宜

▶ **作り方**

1 鍋にAを入れてひと煮立ちさせ、茶こしなどでこす。

2 カップに1を注ぎ入れたら、Bを加えて混ぜる。お好みでポロポロジンジャーシュガーを加える。

\ 疲れたときや寝る前、ホッと一息つくときのお供に /

ホットジンジャーレモン

▶ **材料**（1杯分）

ジンジャーシロップ（P28）…大さじ3
湯…200㎖
レモンの輪切り（またはゆず、シークワーサー）
　…適量

▶ **作り方**

グラスにジンジャーシロップを入れ、湯を注ぎ入れる。レモンの輪切りをのせる。

Memo

ジンジャーシロップは、お好みの量の熱湯で割って飲んでもおいしい。レモンの他にゆずやシークワーサーもよく合います。

体を温める
クイックドリンク

すりおろししょうがを使って
簡単に作れるドリンクは
手軽に始められて、続けやすい！

栄養素の多い卵で、
体力回復をサポート！

＼ 卵の栄養もとれて◎。 ／
＼ かぜのひきはじめに ／

しょうが卵酒

▶ **材料** (1杯分)

すりおろししょうが…小さじ½
日本酒…1合
溶き卵…1個分
あられ…適量

▶ **作り方**

耐熱カップに日本酒を入れ、ラップはかけずに電子レンジで30秒加熱する。溶き卵を加えてよく混ぜ、すりおろししょうがを加えてさらによく混ぜたらあられを浮かべる。

Memo

彩りのあられは、あるとかわいい印象に。さらに体を温めたいときは、すりおろししょうがもいっしょに、電子レンジで加熱しましょう。

\\ 昆布茶にしょうがと梅干しを
加えるだけ！ //

しょうが昆布茶

▶ **材料**（1杯分）

すりおろししょうが…小さじ½
昆布茶…ひとつまみ
梅干し…1個
湯…200㎖

▶ **作り方**

カップに材料をすべて入れ、梅
干しをつぶしながらいただく。

Memo

市販の昆布茶にすりおろししょうが
を入れるだけでも、気軽に飲めてお
すすめです。しょうがはもちろん、
皮ごとすりおろして。

梅干しをほぐしながら
召し上がれ

しょうが昆布茶を
使ってもう一品！

しょうが至福漬け
（P65）を
のせても◎

\\ 遅く帰ってきた日や、
パパッと食事をとりたい時に //

昆布茶と
すりおろししょうがの
お茶漬け

▶ **材料と作り方**

器にごはん1膳を盛り、おぼろ昆布ひ
とつまみ、すりおろししょうがひとつ
まみをのせ、昆布茶小さじ1を溶いた
湯200㎖を注ぎ入れる。

しょうがでサッパリ!
サラダ&和え物 レシピ

しょうがガーリックオイルで作ったドレッシングや、
しょうが酢を使ったカルパッチョで、
野菜を食べるときにもしょうがを取り入れて。

ドレッシングをかけたら
全体を混ぜ合わせて

\アツアツのトッピングをのせたらすぐに召し上がれ!/

ほうれん草とベーコンと じゃこのしょうがサラダ

▶ **材料**（2～3人分）

ほうれん草…⅓束

水菜…少々

ごま油…大さじ2

A
- しょうが（みじん切り）…5g
- 薄切りベーコン（1㎝幅に切る）…2枚分
- ちりめんじゃこ…10g
- しめじ…少々

B
- しょうゆ…大さじ2
- レモンの搾り汁…½個分
- 塩・こしょう…各少々

▶ **作り方**

1 ほうれん草、水菜は食べやすい大きさにちぎって器に入れる。

2 フライパンにごま油を中火で熱し、Aを入れ、ベーコンがカリカリになったら1にかけ、Bをふる。

Memo

カリカリのちりめんじゃことベーコン入りのしょうがドレッシングをたっぷりかけて、旨みと食感をアップ。

トマトと酢だこの
しょうがわさびカルパッチョ

▶ **材料**（2人分）

酢だこ（スライス）… 50〜100g

紫玉ねぎ… 1個

トマト… 1個

すだち（薄切り）… 適量

A
- しょうが酢（P30）… 大さじ2
- しょうがガーリックオイル（P32）… 大さじ1
- わさび漬け… 小さじ1

▶ **作り方**

1 紫玉ねぎ、トマトは薄切りにする。

2 器に1、酢だこ、すだちをのせ、混ぜ合わせたAをかける。

Memo

わさびとしょうがとにんにくを使った爽やかなカルパッチョソースです。酢だこの代わりにゆでだこでも。

酢だこの酸味が
マリネにぴったり！

45

そうめんかぼちゃの
食感が後を引く!

最後にかつお節をのせた、
和風のおつまみ仕立て

そうめんかぼちゃと
ミミガーの
しょうがみそ酢和え

しょうが
だしつゆ

しょうが酢

Memo

そうめんかぼちゃは、加熱する
と糸状にほぐれ、シャキシャキ
とした食感が特徴。コリコリ食
感のミミガーといっしょに。

▶ **材料** (2人分)

そうめんかぼちゃ… 100g

ミミガー… 50g

A │ しょうがだしつゆ(P36／またはめんつゆ)・
　│ しょうが酢(P30)・白すりごま…各大さじ2
　│ みそ・砂糖…各大さじ1

かつお節…適量

▶ **作り方**

1 そうめんかぼちゃは5cm幅に切り、種を取り除き、
　10分ほどゆでる。水にさらしてほぐし、水けを
　絞る。

2 ボウルに1、ミミガー、混ぜ合わせたAを入れて
　よく和えたら器に盛り、かつお節をのせる。

カリフラワーの食感と、ジュワッと
旨い揚げなすで箸がすすむ!

ごまをたっぷり入れて
香ばしく!

カリフラワーと
揚げなすのごま和え

しょうが
だしつゆ

▶ **材料** (2人分)

カリフラワー… ½株

なす… 1本

A │ 小麦粉…大さじ½
　│ 塩…少々

B │ しょうがだしつゆ(P36／
　│ 　またはめんつゆ)…大さじ2
　│ 砂糖…大さじ½
　│ 黒すりごま…大さじ3

白いりごま…適量

▶ **作り方**

1 カリフラワーは食べやすい大きさに切る。鍋
　にAを加えたたっぷりの湯(分量外)を沸かし、
　2〜3分ゆで、ザルに上げたら水をかけて冷
　ます。なすは乱切りにして、180度の揚げ油
　で揚げる。

2 ボウルにBを入れてよく混ぜ合わせ、1を加
　えて和える。

3 器に盛り、白いりごまをふる。

黒ごまとチーズで、
和洋の味わい！

しょうがガーリックオイルと
しょうが酢をベースにして

しょうが
ドレッシング2品

しょうがごまドレッシング

▶ 作り方（作りやすい分量）

しょうが酢（P30）・しょうがガーリックオイル
（P32）・黒すりごま各大さじ3、しょうがだしつゆ
（P36／またはめんつゆ）大さじ2、三温糖・水各大
さじ1をすべて混ぜ合わせる。

ジンジャーシーザー
ドレッシング

▶ 作り方（作りやすい分量）

プレーンヨーグルト・マヨネーズ各大さじ2、パル
メザンチーズ・しょうが酢（P30）・しょうがガー
リックオイル（P32／または油）各大さじ1、塩・
こしょう・レモン汁各少々をすべて混ぜ合わせる。

Memo

サラダはコリンキーとレタス、スナップえんどうのサラダ。歯
ごたえがとっても楽しい！いろんなサラダに合わせてみて。

メインおかず

すりおろししょうやせん切りのしょうが、
万能調味料を上手に取り入れて、
料理の旨みをワンランクアップさせて。

しょうがの万能調味料を
使いこなした絶品！

豚ジンジャー

▶ **材料**（2人分）

豚こま切れ肉…150g

玉ねぎ…½個

小麦粉…適量

しょうがガーリックオイル（P32／または油）
　　　…大さじ2

A │ しょうがだしつゆ（P36／またはめんつゆ）
　　　…大さじ3
　│ すりおろししょうが…10g
　│ 水…大さじ2

キャベツ（せん切り）・長ねぎ（小口切り）・
　一味唐辛子…各適量

▶ **作り方**

1　豚肉は両面に小麦粉をまぶし、玉ねぎは薄
　切りにする。

2　フライパンにしょうがガーリックオイルを
　中火で熱し、玉ねぎを軽く炒める。豚肉、
　Aを加えて火を通す。

3　器にキャベツを盛り、2をのせ、長ねぎを
　散らし、一味唐辛子をふる。

Memo　**お店で人気No.1！**
　　　　しょうがを存分に味わって

生姜料理しょうがの店で、とにかく人気の豚ジンジャー。しょうがガーリックオイル、しょうがだしつゆ、すりおろししょうがを使って作る豚ジンジャーは、しょうがの風味や香りを味わえるやさしい味わい。りんごのすりおろしを加えるのもおすすめです。

一味唐辛子を
お好みできかせて

しょうがとかにの卵焼き

\ かに缶を使ったちょっぴり贅沢な卵焼き /

簡単
しょうがだし

だしのきいた
絶品卵焼き！

▶ **材料** (2人分)

はんぺん… 1枚

A
- しょうが（みじん切り）… 5g
- 溶き卵… 2個分
- かに缶… 50g
- 簡単しょうがだし(P36)… 大さじ3
- 水… 大さじ2
- 白だし… 大さじ1

油… 適量

▶ **作り方**

1 ボウルにはんぺんを入れ、フォークなどでつぶす。Aを加え、よく混ぜ合わせる。

2 卵焼き器に油をひき、1を流し入れて卵焼きを作る。

3 ラップにのせ、丸太状に巻き、あれば、巻きすで巻く。

Memo

しょうがのみじん切りと簡単しょうがだしがほのかに香るだし巻き卵。巻きすで巻くときれいにできます。

\ ホッとやさしい味わいに、
ホロホロ崩れる白身魚が美味 /

白身魚のしょうが
とろろ蒸し

簡単
しょうがだし

素材の味を生かす
味つけで

▶ **材料** (1人分)

簡単しょうがだし(P36)… 100㎖
しょうが（せん切り）… 5g
白身魚（タラ）… 1切れ
長いも… 30g
小ねぎ（3㎝長さに切る）・練りわさび
　…各適量
ゆずの皮… 適宜

▶ **作り方**

1 白身魚は食べやすい大きさに切り、長いもはすりおろす。

2 耐熱皿に白身魚を入れ、長いも、簡単しょうがだしをかけ、しょうがをのせる。ラップをかけ、電子レンジで3分ほど加熱する。小ねぎをのせ、わさびを添え、お好みでゆずの皮をのせる。

Memo

電子レンジで加熱するだけで、料亭の味わいが完成。簡単しょうがだしのやさしい風味がいきています。

ビヨーンと伸びた
しょうががおもしろい！

インパクト大！しょうが好きにはたまらない！

BIGしょうがしゅうまい

▶ **材料**（8個分）

玉ねぎ…1個

片栗粉・小麦粉…各大さじ1

A
すりおろししょうが…10g
豚ひき肉…300g
しょうゆ・酒…大さじ2
ごま油・砂糖…各大さじ1

しょうが（太めのせん切り）…適量

ワンタンの皮…8枚

キャベツ…適量

ポン酢しょうゆ・からし…各適量

▶ **作り方**

1 玉ねぎは粗みじん切りにし、片栗粉、小麦粉と
　合わせて混ぜる。

2 ボウルにAを入れてよく混ぜ、1を加えて軽く混
　ぜる。ワンタンの皮にのせ、肉だねを包むようにし、
　しょうがを刺し、キャベツにのせたら15分ほど蒸す。

3 器に盛り、ポン酢しょうゆ、からしを添える。

Memo

電子レンジで作る場合は、耐熱皿に入れてラップをかけ、
5分加熱する。

51

歓声上がること
間違いなしのポテトかご

しょうが
だしつゆ

定番の豚肉はもちろん、
鶏肉などで作っても◎

ポテトかごに
しょうが酢豚風

▶ 材料 (2〜3人分)

牛かたまり肉…200g

じゃがいも…1個

玉ねぎ…½個

黄パプリカ…½個

にんじん…¼本

しし唐辛子…3本

片栗粉…適量

A｜すりおろししょうが…5g
　｜酒・しょうゆ…各大さじ1

B｜しょうが（みじん切り）…5g
　｜酒・水・しょうがだしつゆ（P36／
　｜　またはめんつゆ）・バルサミコ酢
　｜　（またはしょうが酢／P30）…各大さじ2
　｜砂糖（またははちみつ）・片栗粉…各大さじ1

揚げ油…適量

じゃがいも（せん切り）…1個分

▶ 作り方

1 牛肉は食べやすい大きさに切りボウルに
　入れ、Aに30分ほど漬ける。

2 野菜は食べやすい大きさに切る。にんじ
　ん、じゃがいもは耐熱皿に入れてラップ
　をかけ、電子レンジで2〜3分加熱する。

3 1に片栗粉をまぶし、180度の揚げ油で
　揚げ、2も揚げる。

4 鍋にBを入れ、とろみが出たら3を加え
　てタレをからめる。

5 せん切りにしたじゃがいもは片栗粉大さ
　じ1（分量外）をまぶし、小さな網に並べ、
　お玉で押さえながら180度の揚げ油で
　揚げる。

6 器に5を置き、4を盛る。

器の形を意識しなが
らお玉で押さえて。
油につからない部分
は油をかけてあげる
と◎。

Memo　肉を変えるだけで
　　　さまざまな表情に!

すりおろししょうがを下味に使い、合わせ調味料にもしょう
がだしつゆとしょうがのみじん切りを使って、風味豊かな中
華料理に。本来は豚肉を使うメニューですが、今回は牛肉を
使ってちょっと豪華に。肉を変えるだけで、料理のバリエー
ションも豊かになりますよ!

しょうががスパイシーに香る
鶏のから揚げ 3種

すりおろししょうがを入れた調味液に
鶏肉を漬けてしっとりジューシーなから揚げに！
ボリュームもあって大満足の一品です。

\ おつまみにも、お弁当にも◎。 /
ザクザクのから揚げをシンプルに味わう

しょうがしびれ鶏から揚げ

▶ **材料（2～3人分）**

鶏むね肉… 1枚

A
| すりおろししょうが… 5g
| しょうゆ・酒… 各大さじ2
| ねりわさび… 2cm分

B | 小麦粉・片栗粉… 各大さじ2

揚げ油… 適量

黒こしょう（ホール）・粒山椒（ホール／
　または粉山椒）… 各20粒

塩… 小さじ2

乾燥しょうが（P15）… ひとつまみ

▶ **作り方**

1 鶏肉はAに30分以上漬ける。

2 1にBをまぶし、180度の揚げ油で揚げる。
食べやすい大きさに切り、器に盛る。

3 黒こしょう、粒山椒はビニール袋に入れて
たたき、塩、乾燥しょうがと合わせて2に
かける。

Memo 　爽やかな辛味と
　　　　しびれを掛け合わせた一品

いつものから揚げとは一味も二味も違う、トコさんのオリジ
ナルから揚げ。下味には、すりおろししょうがとわさびを使
って、爽やかな辛さと風味をプラス。カラッと揚げたあとは、
黒こしょうと山椒、乾燥しょうがをたっぷりかけていただく、
辛味としびれ満載のスパイシーな一品。

55

ジューシーな鶏もも肉で
大満足な食べ応え！

\たっぷりのねぎダレをかけてガッツリおかずに！/

しょうが油淋鶏

しょうが
だしつゆ

▶ 材料（2～3人分）

鶏もも肉… 1枚

A
　すりおろししょうが… 5g
　酒・しょうゆ… 各大さじ2
　練りわさび… 2cm

B　小麦粉・片栗粉… 各大さじ2

揚げ油… 適量

C
　しょうが（みじん切り）… 5g
　しょうがだしつゆ（P36／またはめんつゆ）
　　… 大さじ2
　長ねぎ（みじん切り）… 10cm分
　すし酢… 100㎖

▶ 作り方

1 鶏肉は厚い部分は開き、Aに30分以上漬ける。

2 1に混ぜ合わせたBをまぶし、180度の揚げ油で揚げる。食べやすい大きさに切り、器に盛る。

3 ボウルにCを入れて混ぜ合わせ、2にたっぷりとかける。

Memo

タレは市販のすし酢で簡単に！ しょうがだしつゆ、しょうが、長ねぎだけで味が決まります。

鶏とじゃがいもの
から揚げしょうが甘酢あん

▶ 材料（2～3人分）

鶏むね肉…1枚
じゃがいも…1個

A
　すりおろししょうが…5g
　すりおろしにんにく…1かけ分
　酒・しょうゆ…各大さじ1

B 小麦粉・片栗粉…各大さじ2

C
　しょうが（みじん切り）…5g
　黒酢…100ml
　はちみつ…大さじ2
　しょうゆ・酒…各大さじ2
　（またはしょうがだしつゆ／P36）
　片栗粉…大さじ1

糸唐辛子…適量

▶ 作り方

1 鶏肉は食べやすい大きさに切り、じゃがいもはくし形切りにしてAに漬ける。

2 1に混ぜ合わせたBをまぶし、180度の揚げ油で揚げる。

3 鍋にCを入れて熱し、とろみが出たら2を加えてあんをからめる。器に盛り、糸唐辛子をのせる。

Memo

シンプルなから揚げを甘酢あんにからめて中華風に。じゃがいももいっしょに下味をつけて揚げるのがコツ。

から揚げにたっぷり
甘酢あんをからめて！

しょうが衣がサクサク!
フライ2種

魔法の粉を作っておいて、食材にまぶして揚げれば、
あっという間に一品の完成です。
タラやアジなど、ほかの魚でも◎。

らっきょうの入った
タルタルをたっぷり添えて

\魔法の粉でサクサク&フワフワの軽い仕上がり/

キスのフライ
しょうがらっきょうのタルタル添え

魔法の粉　しょうが酢

しょうがらっきょうのタルタル

▶ 材料 (2〜3人分)

キス (切り身) … 6切れ
魔法の粉 (P34) … 適量
溶き卵 … 1個分
パン粉 … 適量
揚げ油 … 適量
キャベツ (せん切り) … 適量
しょうがらっきょうタルタル
　(右記) … 適量

▶ 作り方

1 キスは魔法の粉、溶き卵、パン
粉の順にまぶし、180度の揚げ
油で揚げる。

2 器にキャベツ、1を盛り、しょ
うがらっきょうタルタルを添え
る。

Memo

魔法の粉をふりかけるだけで、しょうが
の風味やスパイスの香りがついて、グッ
とおいしくなります。

▶ 材料と作り方 (作りやすい分量)

ボウルに10分ほど水にさらしたみ
じん切りの玉ねぎ、みじん切りにし
たらっきょう5個分、ゆで卵1個分、
シーザードレッシング (市販)・マヨ
ネーズ各大さじ3、塩・こしょう各
少々、みじん切りにしたしょうが5g、
しょうが酢 (P30) 大さじ1を入れ、
ゆで卵をつぶしながら混ぜ合わせる。

サイコロステーキも刺して、ワイルドなメキシコ風に！

貝柱とアボカドとサイコロステーキの
エスニック串フリッター

魔法の粉

▶ **材料**（5本分）

ほたての貝柱…5個

アボカド…5切れ分

サイコロステーキ…5個

A
- 魔法の粉（P34）…大さじ4
- コチュジャン…大さじ1
- 卵…1個
- 水…⅓カップ

揚げ油…適量

しょうがサルサ（P78）…適量

▶ **作り方**

1 串にほたての貝柱、アボカド、サイコロステーキを刺す。

2 ボウルにAを入れて混ぜ、1をくぐらせ、180度の揚げ油でこんがりとするまで揚げる。器に盛り、しょうがサルサを添える。

Memo

ブロッコリーやうずらの卵、えびなど、食材を変えてバリエーション豊かに！

冷蔵庫に入っている食材を使ってアレンジも！

鍋 & 煮込み

鍋や煮込みにしょうがを入れれば
内側からポカポカに。
お腹も心も満たされます。

あさりの旨みと黒ごまのコクが
たまらない至福の鍋

しょうがあさり黒ごま坦々鍋

▶ **材料 (2人分)**

<u>しょうがガーリックオイル</u> (P32／または油)
　…大さじ2
豚ひき肉… 100g

A
- しょうが (みじん切り)… 10g
- <u>しょうがだしつゆ</u> (P36／またはめんつゆ)・豆乳
　…各100㎖
- えのきだけ… ½袋
- まいたけ… 100g
- 木綿豆腐… ½丁
- あさり水煮缶… 30g
- 水… 400㎖
- 黒すりごま…大さじ3
- コチュジャン・甜麺醤…各大さじ2
- 酒・鶏がらスープの素・みそ…各大さじ1
- 赤唐辛子 (輪切り)… 適量

にら (5㎝幅に切る)… 適量
粉山椒・粗びき黒こしょう…各少々

▶ **作り方**

1 Aのえのきだけは石突きを切り落とし
て1㎝幅に切り、まいたけはほぐす。
木綿豆腐は食べやすい大きさに切る。

2 土鍋にしょうがガーリックオイルを中
火で熱し、ひき肉、Aを入れ、ひと煮
立ちしたら、にらを加えて、火を通す。
粉山椒、粗びき黒こしょうをふる。

Memo
**しょうが調味料を掛け合わせた
コクのある坦々スープ**

しょうがガーリックオイルとしょうがだしつゆ、しょうがの
みじん切りを使い、粉山椒、粗びき黒こしょう、赤唐辛子を
はじめ、コチュジャン、甜麺醤を使ったしょうがの風味がき
いたスープが絶品。あさりの水煮缶は、缶汁も加えれば、あ
さりの旨みもたっぷり。

最後の一滴まで
飲み干す旨さ!

モチモチのすいとんで
満腹感も◎

62

\ ホッとする
やさしい味わいの鍋 /

しょうが鶏団子すいとん鍋

しょうが
ガーリック
オイル

▶ **材料**（2〜3人分）

鶏団子
- すりおろししょうが…5g
- 鶏ひき肉…200g
- 卵…1個
- 長ねぎ（みじん切り）…30〜50g
- しょうがガーリックオイル（P32／または油）・
　しょうゆ・片栗粉…各大さじ1
- 塩・こしょう…各少々

しょうがすいとん
- しょうが（みじん切り）…5g
- 小麦粉…100g
- 卵…1個
- 水…100㎖
- ベーキングパウダー…2g

A
- しょうが（せん切り）…20g
- 水…500〜600㎖
- 鶏がらスープの素…大さじ1
- 長ねぎ（斜め薄切り）…1本分
- えのきだけ（石突きを切り落とし、ほぐす）…½袋分
- しめじ（石突きを切り落とし、ほぐす）…½袋分
- 小ねぎ（5㎝長さに切る）…適量
- 酒…大さじ3
- 塩・こしょう…各少々

▶ **作り方**

1 鶏団子、しょうがすいとんは材料をそれぞれ混ぜ合わせ、20分ほどねかせる。鶏団子は食べやすい大きさに丸める。

2 土鍋にAを入れ、温まったら鶏団子を入れ、ぬらしたスプーンでしょうがすいとんをすくって入れる。アクを取りながら鶏団子に火が通るまで煮込み、塩、こしょうで味をととのえる。

Memo　鶏団子、すいとん、
スープ、すべてに
しょうがを入れています

しょうがの風味を存分に味わってほしいから、鶏団子にはすりおろししょうが、すいとんにはしょうがのみじん切り、スープにはしょうがのせん切りを使いました。辛いのでは？と思うかもしれませんが、どれも量は控えめなので、じんわりとしたやさしい味わいです。

じっくり煮込まれた
ホロホロの具材が
おいしい

\ ピリッとした黒こしょうがアクセント /

冬瓜とトッポギの
しょうがカレーハニーチキン

しょうが
だしつゆ

▶ **材料(3〜4人分)**

<u>しょうが</u>…15g
<u>しょうがだしつゆ</u>(P36／またはめんつゆ)…大さじ3
冬瓜…正味300g
玉ねぎ…1個
トッポギ…150g
鶏手羽先…4本
黒こしょう(ホール／または粗びき黒こしょう)…20粒
はちみつ・酒…各大さじ2
カレー粉…大さじ1
水…800㎖

▶ **作り方**

1 冬瓜は皮をむいて種を取り、食べやすい大きさに切る。玉ねぎは食べやすい大きさに切り、しょうがはせん切りにする。

2 鍋に材料をすべて入れ、蓋をずらして弱火にかけ、冬瓜に火が通るまでアクを取りながら30〜40分煮る。

Memo

様子を見て、少しずつ水を継ぎ足しながらじっくり煮込みましょう。

ちょっと箸休め

保存瓶に作りおきしておけば、
おつまみや箸休めなど、あと一品ほしいときに便利。

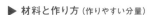

カレーやお茶漬け、
何にでも合う！

しょうが至福漬け

しょうが
だしつゆ

▶ **材料と作り方**（作りやすい分量）

フードプロセッサーに大きめに切ったしょうが
30g、たくあん200g、ザーサイ100g、しょう
がだしつゆ（P36）・すし酢各大さじ2、ごま油大
さじ1、砂糖（またははちみつ）小さじ1を入れて
撹拌し、みじん切りにする。たたいた黒こしょう
・粒山椒各20粒、赤唐辛子（輪切り）少々を加え、
混ぜ合わせる。

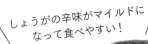

しょうがの辛味がマイルドに
なって食べやすい！

山椒ピクルス

▶ **材料と作り方**（作りやすい分量）

保存容器に新しょうが200g、食べやすい大きさ
に乱切りにしたパプリカ、ヘタを取ったミニトマ
ト各適量を入れ、すし酢（市販）200㎖、白ワイン
大さじ2、山椒の実・粗びき黒こしょう・赤唐辛
子（輪切り）各小さじ1を加え、一晩寝かせる。

山椒の香りが◎。
ひと味違うガリ

食材を酢に漬けるだけ！
そのまま食べてOK！

ガリ

▶ **材料と作り方**（作りやすい分量）

保存容器に薄切りにした新しょう
が100g、粒山椒20粒を入れ、
ひたひたになるくらいのすし酢
（市販）を加え、一晩漬ける。

みょうがと
葉しょうがの
甘酢漬け

▶ **材料と作り方**（作りやすい分量）

保存容器に葉しょうが100g、縦
半分に切ったみょうが3個、すし
酢（市販）100㎖、を入れ、一晩以
上寝かせる。

おつまみ3種

とっておきの時間には、
いつもより特別なおつまみを準備して。
しょうがを使ったお酒（P96）にもよく合います。

\\ 佃煮風で //
パクパク食べられる

ゴーヤとじゃこのきんぴら

（しょうが だしつゆ）

▶ 材料と作り方（作りやすい分量）

フライパンにごま油大さじ2を中火で熱し、ワタを
取り除いて薄切りにし、水にさらしたゴーヤ1本分、
ちりめんじゃこ大さじ1を入れて炒める。しょうが
だしつゆ（P36／またはめんつゆ）・みりん各大さ
じ2、砂糖大さじ1を加え、弱火で5分ほど煮る。
白いりごま大さじ1、かつお節ひとつまみを加えて
混ぜ合わせる。

（ 歯ごたえのある砂肝が
クセになる！ ）

（ ポリポリとした食感に
箸が止まらない！ ）

（ ごはんにも
お酒にも合う！ ）

\\ しょうがは大きめに切って //
インパクトのあるつまみに

砂肝のしょうが
南蛮漬け

▶ 材料と作り方（作りやすい分量）

半分に切った砂肝100gに片栗粉適量をま
ぶし、180度の揚げ油で2〜3分揚げてボ
ウルに入れる。薄切りにした玉ねぎ½個分、
薄切りにしたしょうが10g、すし酢（市販）
大さじ2、しょうゆ大さじ1、赤唐辛子（輪
切り）少々を加えて30分ほど漬ける。

\\ セロリを加えて //
爽やかな味わいに

（しょうが だしつゆ）

ごぼうとセロリと
にんじんの
しょうがきんぴら

▶ 材料と作り方（作りやすい分量）

鍋にごま油大さじ2、せん切りにしたごぼ
う・セロリ・にんじん各10㎝分、粗みじ
ん切りにしたしょうが5gを中火で軽く炒
める。酒・しょうがだしつゆ（P36／また
はめんつゆ）各大さじ2、砂糖大さじ1、赤
唐辛子（輪切り）少々、水200㎖を加え、
弱火で10〜15分ほど煮る。

Part

2

かけるだけ！ 和えるだけ！

しょうがソース＆タレとおかずの素

すりおろししょうがや、しょうがのみじん切りを入れて
自家製のソースやタレを作っておけば、
料理の味つけが一発で決まるうえ、
こまめにしょうがを取り入れられます。

市販のみそをベースに
アレンジしておけば、
味つけのレパートリーが広がる！

料理に深みを与える
しょうがみそが便利！

保存期間
冷蔵
1週間

しょうがみそソース

しょうが
だしつゆ

▶ **材料**（作りやすい分量）

A
- すりおろししょうが…5g
- みそ…50g
- 水…200㎖
- 三温糖・しょうがだしつゆ（P36／
  またはめんつゆ）・みりん…各大さじ2
- かつお節…1袋（2g）

水溶き片栗粉…片栗粉大さじ½＋水大さじ2

▶ **作り方**

1 鍋にAを入れてみそを溶き、沸騰したら弱火で5分ほど煮る。水溶き片栗粉を加えて、全体を混ぜ合わせる。

2 保存容器に1を入れる。

Memo とろりとした甘辛いソースは
作りおきがおすすめ

しょうがのすりおろしとしょうがだしつゆを使った、みそ味のとろみある甘辛ソース。和風の料理によく合います。これさえ作っておけば、ホイル焼きやふろふき大根のほか、炒め物や和え物など、なんでも使えます。おいしさの秘訣は三温糖。コクのある甘さがおいしさの秘訣です。

包み焼きならではの
しっとり感

\みそとチーズのコクがたまらない!/

なすとチーズの
しょうがみそホイル焼き

▶ **材料**（2人分）

<u>しょうがみそソース</u>（P68／またはみそ）
　…大さじ2
なす…1本
ピザ用チーズ…適量
バター…適量

▶ **作り方**

1 なすは皮をむいて縦半分に切る。

2 アルミホイルに1をおき、ピザ用チーズをの
　せ、しょうがみそソースをかける。バターを
　のせたらアルミホイルを閉じて、オーブント
　ースターで15分ほど包み焼きにする。

Memo

甘辛いしょうがみそソースとピザ用チーズ、バターを加え
て焼くだけで、なす1本でも立派なごちそうに。

白髪ねぎを
たっぷりのせて！

しょうが
だしつゆ

\ 定番のメニューも、しょうがみそで脱マンネリ！ /

しょうがふろふき大根

▶ **材料**（1人分）

大根… 3cm分

A ┃ しょうがだしつゆ（P36／またはめんつゆ）
　　　…大さじ2
　┃ しょうが（みじん切り）… 5g
　┃ みりん…大さじ2
　┃ 米…大さじ1

B ┃ しょうがみそソース（P68／またはみそ）…大さじ3
　┃ 白すりごま…大さじ1

白髪ねぎ・小ねぎ（小口切り）・すりおろししょうが
　　…各適量

▶ **作り方**

1 大根は皮をむいて面取りをする。

2 鍋に1、1がひたひたになる位の水（分量外）、Aを入れて弱火で大根に火が通り、トロトロになるまで20分ほど煮る。

3 2から大根を取り出して器に盛り、混ぜ合わせたBをかけ、白髪ねぎ、小ねぎ、すりおろししょうがをのせる。

Memo

大根はしょうがだしつゆとしょうが、みりんでトロトロに煮て。しょうがみそソースは一度温めても美味。

ひと手間かけて、こだわりの
ケチャップを作ってみて

りんごとプルーンの
自然の甘みが◎

しょうが
トマトケチャップ

しょうが
ガーリック
オイル

▶ 材料（作りやすい分量）

しょうが（薄切り）…20g

しょうがガーリックオイル（P32／または油）
…大さじ2

トマト缶…1缶

ドライプルーン（みじん切り）…5個分

A 玉ねぎ（みじん切り）…1個分

りんご（すりおろす）…½個分

すし酢（市販）・はちみつ・水…各大さじ2

赤ワイン…大さじ⅓

オレガノ…小さじ1

ローリエ…2枚

レモンの搾り汁…1個分

▶ 作り方

1 鍋にAを入れて弱火で20分ほど煮る。ローリエを取り出し、レモンの搾り汁を入れて全体を混ぜ合わせる。

2 フードプロセッサーに1を入れ、クリーム状になるまで撹拌する。

3 保存容器に2を入れる。

Memo **自家製のケチャップなら**
しょうがをきかせて！

玉ねぎ、しょうが、りんごは大きめのざく切りにして、全ての材料といっしょに鍋で煮て、最後にフードプロセッサーにかけるだけで完成する簡単レシピ。プルーンで甘みとコクを出し、しょうがガーリックオイルで旨みをプラス。レモンの搾り汁をたっぷり加えて爽やかに。

ビーツを入れて
本格的に！

牛肉と野菜の旨みがたっぷりのスープ

コロコロジンジャーボルシチ

▶ 材料（3〜4人分）

しょうが（みじん切り）… 10g
セロリ… 30g
玉ねぎ… 中2個
にんじん… 小1本
じゃがいも… 2個
ビーツ… 150g
ミニトマト… 5〜6個
マッシュルーム… 2〜3個
バター… 30g
にんにく（みじん切り）… 2かけ分
牛こま切れ肉… 250g

A
  しょうが（みじん切り）… 10g
  しょうがトマトケチャップ（P72）… 大さじ4
  コンソメ・赤ワイン… 大さじ2
  バルサミコ酢（またはすし酢）… 大さじ2
  水… 800㎖

塩・こしょう・パセリ・サワークリーム… 各適量

▶ 作り方

1 セロリは細かく切り、玉ねぎ、にんじん、じゃがいも、ビーツは小さめの乱切りにする。ミニトマト、マッシュルームは半分に切る。

2 鍋にバター、しょうが、にんにくを入れ、強火で牛肉をさっと炒める。1を加え、全体に火が通ったらAを加える。蓋をずらしてのせ、弱火で30分ほど煮たら、塩、こしょうで味をととのえる。

3 器に盛り、みじん切りにしたパセリを散らし、サワークリームを添える。

Memo

洋風料理としょうがの相性も抜群。しょうがトマトケチャップを使って、味に深みを出して。

さんまを入れずに
シンプルに作っても◎

\ さんまが一尾入った食べ応え満点のナポリタン！ /

さんまのナポリタン

しょうが
ガーリック
オイル

▶ 材料 (1人分)

しょうがガーリックオイル（P32／または油）
　…大さじ2
しょうがトマトケチャップ（P72）…大さじ4
さんま（缶詰めでも可）…1尾
A ┃ すりおろししょうが…5g
　┃ 酒…大さじ2
　┃ しょうゆ…大さじ1
片栗粉・揚げ油…各適量
パスタ…100g
パスタのゆで汁…大さじ3
ピーマン（みじん切り）・パプリカ（みじん切り）・
　粉チーズ…各適量

▶ 作り方

1 さんまは内臓と骨を取り除いて4〜5等分に
切り、ポリ袋などに入れる。混ぜ合わせたA
を加え、15分ほど漬ける。片栗粉をまぶし、
180度の揚げ油で揚げる。

2 袋の表示通りにパスタをゆでる。その際、パ
スタのゆで汁を残しておく。

3 フライパンにしょうがガーリックオイルを中
火で熱し、しょうがトマトケチャップ、パス
タのゆで汁を加えて混ぜる。1、2を加えて
全体を混ぜ合わせる。

4 器に盛り、ピーマン、パプリカ、粉チーズを
散らす。

Memo
しょうが入りの漬け汁にさんまを漬けて、魚臭さをカット。
しょうがの風味満点のナポリタンです。

お好みで
にんにくを足しても◎

トマトと玉ねぎの甘みが
凝縮したソース。
肉料理やパスタに合わせて

しょうがトマトソース

しょうが
ガーリック
オイル

▶ **材料（作りやすい分量）**

しょうが（みじん切り）… 10g
しょうがガーリックオイル（P32／または油）
　…大さじ2
玉ねぎ（粗みじん切り）…小1個分

A
トマト缶…½缶
ローリエ…1枚
水…200㎖
トマトペースト…大さじ3
鶏がらスープの素…大さじ2
はちみつ…大さじ1

▶ **作り方**

1 鍋にしょうがガーリックオイルを中火で熱
　し、しょうが、玉ねぎを炒める。玉ねぎが
　透き通ってきたらAを加え、弱火で15分
　ほど煮る。
2 保存容器に1を入れる。

Memo　ほんのりとしょうがが香る
　　　　旨みたっぷりトマトソース

しょうがガーリックオイルがあれば、おいしいトマト
ソースも簡単にできます。オイルにしょうがとにんに
くの風味が移っているので、深みのある味わいです。
まとめて作っておけば、パスタや煮込み料理、オムレ
ツのソースなどにも使えて便利。

保存期間
冷蔵
2週間

しょうがチキンミート

▶ 材料（3〜4人分）

鶏むね肉… 1枚
鶏ひき肉… 300g

A
しょうが（みじん切り）… 10g
卵… 1個
長ねぎ（みじん切り）… 30g
ピザ用チーズ… 30g
片栗粉… 大さじ2
しょうゆ… 大さじ1
塩・こしょう… 各少々

ごま油… 小さじ1
塩・こしょう… 各少々
しょうがトマトソース（P76）… 適量

▶ 作り方

1 鶏肉は観音開きにする。
2 ボウルにひき肉、Aを入れてよくこねて棒状にまとめたら1を巻き、ラップでぴっちりと巻く。
3 耐熱皿に2をのせ、電子レンジで4分加熱し、上下を返してさらに4分加熱する。
4 3のラップを取り、天板にのせる。ごま油をかけ、塩、こしょうをふり、オーブントースターで15分ほど焼き、こんがりと焼き目をつける。
5 器に盛り、しょうがトマトソースを添える。

肉々しい料理に
負けないトマトソース

色違いパプリカの
ヘタを入れ替えて
かわいく！

パプリカの肉詰め

▶ 材料（作りやすい分量）

パプリカ… 適量
しょうがチキンミート（P77）の肉だね
　… 適量

▶ 作り方

1 パプリカのヘタを切り、ワタと種を取り除く。
2 しょうがチキンミートの肉だね（P77／手順2）を作り、1に詰める。
3 オーブントースターの天板に2、パプリカのヘタを並べ、15分ほど焼く。

トマトの甘味に
セロリの香味がきいて、
爽やかな味わい

スイートチリソースが
味を引き締める！

しょうがサルサ

しょうが
ガーリック
オイル

ジンジャー
シロップ

▶ **材料**（作りやすい分量）

しょうが（みじん切り）… 10g

トマト… 2個

玉ねぎ… ¼個（50g）

セロリ… 10cm

A
> しょうがガーリックオイル（P32／または油）・
> ジンジャーシロップ（P28／またははちみつ）・
> スイートチリソース・レモン汁
> …各大さじ2
> オールスパイス（またはパプリカパウダー、
> ターメリック）・オレガノ…各少々

保存期間
冷蔵
2週間

▶ **作り方**

1 トマトは皮を湯むきし、みじん切りにする。玉ねぎはみじん切りにして水に15分ほどさらし、水けをきる。セロリはみじん切りにする。

2 ボウルに1、しょうが、Aを入れて混ぜ合わせ、保存容器に入れる。

Memo　市販品をベースにして、手軽に作ってみて

市販のサルサにしょうが（みじん切り）、スイートチリソースを混ぜ合わせてもOK。材料を揃える手間が省けます。手軽に使えるソースとして食卓に並べて。

カラフルなえびせんで
見た目も楽しい

えびせんディップ

▶ **材料**（作りやすい分量）

えびせん…適量

しょうがサルサ（P78）…適量

▶ **作り方**

180度の揚げ油でえびせんを揚げて器に盛り、しょうがサルサを添える。

ついつい手が伸びる
えびせんを揚げたてで

実を削いでおくと
食べやすい！

甘いとうもろこしに、
サルサのチリ味が絶妙にマッチ

とうもろこしグリルの
サルサ添え

▶ **材料**（作りやすい分量）

とうもろこし…適量

しょうがサルサ（P78）…適量

▶ **作り方**

オーブントースターで実を削いだとうもろこしを10分ほど焼いて器に盛り、しょうがサルサを添える。

にんにくやコチュジャンを
増やして好みの味わいに
調節しても♪

ガツンとしたものが
食べたい時は、
このタレを使って!

しょうがガーリックダレ

しょうが
だしつゆ

▶ 材料 (作りやすい分量)

しょうが (みじん切り)… 10g

しょうがだしつゆ (P36／またはめんつゆ)
　… 100㎖

にんにく (薄切り)… 2かけ分

コチュジャン・砂糖・酒・ごま油… 各大さじ1

▶ 作り方

1 鍋に材料をすべて入れ、ひと煮立ちさせる。
2 保存容器に1を入れる。

保存期間
冷蔵
2週間

Memo　トコさんの冷蔵庫には
　　　　2年以上継ぎ足しているタレが

保存方法は冷蔵がマストですが、継ぎ足して使うこと
も可能。トコさんの冷蔵庫には2年以上継ぎ足して使
っているしょうがガーリックダレがあります。家庭で
の秘伝ダレを作ってみるのもおすすめです。

しょうがガーリック わた焼き

お酒がすすむ！ いかわたと
しょうがガーリックの組み合わせ

▶ **材料**（2〜3人分）

しょうがガーリックダレ（P80）
　…大さじ4
いか…1杯
マヨネーズ…大さじ3
長ねぎ（小口切り）…適量
シーザードレッシング（市販）…大さじ1

▶ **作り方**

1. いかはワタを取り除いてよく洗い、胴は輪切り、ゲソは食べやすい大きさに切る。

2. アルミホイルに1を入れ、しょうがガーリックダレ、マヨネーズをかける。オーブントースターで15分ほど焼き、長ねぎ、シーザードレッシングをかける。

焼いているときから
いい香りがただよう！

こってり豚足に
ガーリックのパンチ
が最高！

市販の豚足を
激うまアレンジ！

豚足の ガーリック焼き

▶ **材料**（2人分）

煮豚足（市販）…2個
しょうがガーリックダレ（P80）
　…大さじ3
ジンジャーシーザードレッシング
　（P47）…適宜

▶ **作り方**

スキレット（または耐熱皿）に煮豚足、しょうがガーリックダレを入れ、オーブントースター（または魚焼きグリル）で10分ほど、表面にこんがりと焼き目がつくまで焼く。お好みでジンジャーシーザードレッシングをかける。

81

バターとチーズのコクが
たまらない！

ジンジャー
マッシュポテト

▶ **材料**（作りやすい分量）

じゃがいも…500g

A
> しょうが（みじん切り）…10g
> 牛乳…400㎖
> パルメザンチーズ…大さじ3

バター…20g

塩・粗びき黒こしょう…各適量

マッシュポテトは
アレンジの幅が広くて◎

保存期間
冷蔵
3～4日

▶ **作り方**

1　じゃがいもは半分に切り、ひたひたの水でゆでる。
中まで火が通ったら皮をむき、熱いうちによくつ
ぶす。

2　鍋に1、Aを入れて弱火で15分ほど、もったりす
るまでヘラで混ぜる。バターを加えて混ぜ、塩、
こしょうで味をととのえ、保存容器に入れる。

Memo　　しょうがを加えて
15分ほど弱火で加熱を

マッシュポテトにしょうがを加えたら、15分ほど弱
火にかけて混ぜましょう。ゆっくり加熱することで、
ふんわりとやさしいしょうがの風味が広がります。

ザクッとした
食べ応えが最高!

\ 大迫力のメンチカツ風。アツアツでチーズもとろーり /

チーズジンジャーマッシュポテトの
ビッグミートボール

▶ **材料**（2個分）

ジンジャーマッシュポテト（P82）… 60〜100g
合いびき肉… 150g

A {
玉ねぎ（みじん切り）… ½個分
パン粉… 10g
塩・こしょう… 各少々
ナツメグ… 少々
}

モッツァレラチーズ（一口サイズ）… 2個
小麦粉・溶き卵・パン粉… 各適量
しょうがトマトソース（P76）… 大さじ3
中濃ソース… 大さじ1
ミニトマト・バジル… 各適量

▶ **作り方**

1 ボウルにひき肉、Aを入れてよくこねる。半量を広げ、半量のジンジャーマッシュポテト、モッツァレラチーズをおいて包む。丸く成形したら、小麦粉、溶き卵、パン粉の順につける。これをもう1つ作る。

2 180度の揚げ油で1をこんがりと色がつくまでじっくり揚げる。

3 フライパンにしょうがトマトソース、中濃ソースを入れて混ぜ合わせて温める。

4 器に3を広げ、2をのせ、ミニトマト、バジルを添える。

Memo

ジンジャーマッシュポテトがあれば簡単。中心にチーズを入れ、肉だねで包むだけなので成形もラクです。

小さいサイズに作って
お弁当のおかずにも！

\ みんな大好きなハンバーグにも、しょうがを隠し味に！ /

ジンジャーハンバーグ

▶ **材料 (2人分)**

ジンジャーマッシュポテト（P82）…適量

A
- しょうが（みじん切り）…5g
- 合いびき肉…200g
- 玉ねぎ（みじん切り）…½個分
- パン粉…20g
- 塩・こしょう…各少々
- 中濃ソース…大さじ1
- トマトケチャップ…大さじ1

スライスチーズ…2枚

バター…適量

デミグラスソース（市販／またはトマトケチャップ）
・シーザードレッシング（市販）…適量

▶ **作り方**

1 ボウルにAを入れてよく混ぜ合わせ、2つに分けて形をととのえる。ジンジャーマッシュポテト、スライスチーズをのせ、常温に戻したバターをのせる。

2 オーブントースターの天板に1をのせ、10分ほど焼く。

3 器に盛り、デミグラスソース、シーザードレッシングをかける。

Memo

ジンジャーマッシュポテトを肉だねの上にのせて焼くだけ。
トースターでできるから、さらに手軽！

みんなでワイワイと
食べると楽しい！

お好みでチーズを変えてみても◎

ジンジャーポテトチーズフォンデュ

▶ 材料（2人分）

ジンジャーマッシュポテト（P82）… 50g
牛乳… 100㎖
カマンベールチーズ… 1個
しょうがごまパン（またはバゲット）… 適量

▶ 作り方

1 鍋にジンジャーマッシュポテト、牛乳を入れて中火でよく混ぜ合わせたら、カマンベールチーズを加え、温める。

2 しょうがごまパンを添える。

しょうがごまパン

▶ 材料と作り方（作りやすい分量）

ホームベーカリーに強力粉375g、バター30g、砂糖22g、スキムミルク15g、塩6g、水270㎖、ドライイースト4.5g、すりおろししょうが5g、白いりごま大さじ2を入れ、通常モードで焼く。

Memo

チーズをジンジャーマッシュポテトと伸ばすから、濃厚なフォンデュに。ピザ用チーズやモッツァレラチーズを使っても美味。

ごはんやうどんにかけるだけで、
満足な丼ものの完成！

しょうが 鶏そぼろ

しょうが だしつゆ

最後に片栗粉で
とろみをつけて

▶ **材料**（作りやすい分量）

しょうが（みじん切り）… 10g

鶏ひき肉… 200g

ごま油… 大さじ2

A {
しょうがだしつゆ（P36／またはめんつゆ）
　… 大さじ4
水… 200㎖
酒・砂糖（またははちみつ）…各大さじ2
}

水溶き片栗粉…片栗粉大さじ1＋水大さじ4

保存期間
冷蔵
1週間

▶ **作り方**

1 鍋にごま油を入れ、ひき肉、しょうがを中火で炒める。Aを加えて10分ほど煮たら、水溶き片栗粉を加え、全体を混ぜ合わせる。

2 保存容器に1を入れる。

Memo 油を使わずに、
ヘルシーに作っても

材料をすべてまとめて入れ、鶏肉に火が通るまで10分ほど煮込む方法もラクでおすすめ。その際、ごま油を抜いてヘルシーに仕上げても◎。

濃厚なごまソースが
よく合う！ やさしい
味わいのナゲット

\ じゃがいもが入った新食感のナゲット！ /

ポテトのジンジャーナゲット

▶ **材料**（8個分）

しょうが鶏そぼろ（P86）…½カップ
しょうが（みじん切り）…5g
じゃがいも…300g
玉ねぎ（みじん切り）…中1個分
バター…10g
クミンシード…小さじ½
A 小麦粉…大さじ3
  塩・こしょう…各少々
天ぷら粉・揚げ油…各適量
溶き卵…1個分

▶ **作り方**

1 じゃがいもは半分に切り、ひたひたの水でゆでる。中まで火が通ったら皮をむき、よくつぶす。

2 フライパンにバターを中火で熱し、玉ねぎ、しょうが、クミンシードを入れ、玉ねぎが透き通るまで炒める。しょうが鶏そぼろ、1、Aを加えて混ぜたら、粗熱を取る。

3 2を8等分にして形をととのえ、天ぷら粉をつけ、溶き卵にくぐらせ、180度の揚げ油で揚げる。

Memo

しょうが鶏そぼろが、味と食感のアクセントに。衣は天ぷら粉を使うとカラッと揚がります。

\ 練りごまで濃厚に仕上がって美味 /

しょうがごま
ピリ辛ソース

しょうが
だしつゆ

▶ **材料と作り方**（作りやすい分量）

ボウルに白練りごま大さじ2、しょうがだしつゆ（P36／またはめんつゆ）大さじ1、しょうが（みじん切り）5g、すし酢（市販）大さじ2、スイートチリソース大さじ1を入れ、よく混ぜる。

枝豆や青菜など
緑色の食材を
入れるのがおすすめ

ごはんがもりもりすすむ！ ガリをのせると味が引き締まって◎

しょうが3色丼

しょうが
だしつゆ ／ ジンジャー
シロップ

▶ **材料** (1人分)

しょうが鶏そぼろ (P86)…適量

干ししいたけ…2〜3枚

A
┃ しょうが(みじん切り)…5g
┃ しょうがだしつゆ (P36／またはめんつゆ)
┃ 　…大さじ3
┃ 水…200ml
┃ 砂糖(または ジンジャーシロップ／P28)…大さじ2

卵…2個

B
┃ 水溶き片栗粉…大さじ1
┃ 塩…少々
┃ 砂糖・みりん…各大さじ1

ごはん…1膳

枝豆・ ガリ (P65)など…各適宜

▶ **作り方**

1 干ししいたけは15分ほど水に浸して戻し、せん切りにする。

2 鍋に1、Aを入れ、弱火で10分ほど煮る。

3 ボウルに卵を割りほぐし、Bを入れてよく混ぜ合わせる。熱したフライパンに入れ、3〜4本の菜箸でかき混ぜ、そぼろ状にする。

4 器にごはんを盛り、しょうが鶏そぼろ、2、3をのせる。お好みで枝豆やガリなどをのせる。

Memo

甘辛い味つけには、砂糖の代わりにジンジャーシロップを使うのがおすすめ。しょうが焼きや肉じゃがにも使ってみてください。

とろみのある
そぼろあんで
体がじんわり温まる

\ 疲れているときに染みる。やさしい味わい /

しょうが鶏そぼろうどん

しょうが
だしつゆ

▶ 材料 (1人分)

しょうが鶏そぼろ（P86）…大さじ3

A ┬ しょうがだしつゆ（P36／またはめんつゆ）
  │   …大さじ3
  └ 水…300㎖

ゆでうどん…1玉

すりおろししょうが・三つ葉…各適宜

一味唐辛子…適宜

▶ 作り方

1 鍋にAを入れ、温まってきたらうどんを加えて煮る。

2 器に1を盛り、しょうが鶏そぼろ、すりおろししょうが、三つ葉をのせ、お好みで一味唐辛子をふる。

Memo

風味豊かなしょうがだしつゆと、たっぷりのしょうが鶏そぼろあんでホッとする味です。

トコさんの
かわいいおもてなし

野菜はもちろん、
お肉やパスタなど
盛りだくさん！

「かわいい！」が大好きなトコさんが、友達や家族に
ふるまってきたおもてなしレシピ。そこにも
もちろんしょうがが散りばめられていました。

モチモチのパンケーキに具を
たっぷり挟んでおいしい！楽しい！

あみあみジンジャー
パンケーキで
楽しいパーティー

パプリカパウダーやカレー粉でカラフルな生地に！

あみあみジンジャーパンケーキ

▶ **材料** (作りやすい分量)

A
- すりおろししょうが…5g
- 米粉・小麦粉…各100g
- 水…300㎖
- ベーキングパウダー…10g

オリーブオイル…適量

Arrange

ピンク色の生地にする場合はパプリカパウダー適量を加える。黄色の生地にする場合はカレー粉適量を加える。

▶ **作り方**

1 ボウルにAを入れてよく混ぜ合わせ、ドレッシング用のボトルに入れる。

2 熱したホットプレート（またはフライパン）にオリーブオイルをひき、1を網目を作りながら直径15㎝ほどになるように入れる。上下を返して両面が焼けたら器に盛る。

作るのも楽しい！

生地の形にルールはないので、子どもといっしょに楽しく作れます。具材を挟むので、ある程度の大きさに作ると◎。

先に顔を描いて、それを違う色で塗りつぶせばパンケーキの生地でお絵描きが楽しめます。

いろいろトッピング

サニーレタスや水菜で、野菜もたっぷり！

ジンジャーマッシュポテト

豚しゃぶ

ツナのオーロラパスタ

豚しゃぶ

▶ **材料と作り方** (作りやすい分量)

しゃぶしゃぶ用豚肉100gはゆでて、器に盛り、小ねぎを散らす。

ピーナッツバターとジンジャーシロップのソース

▶ **材料と作り方** (作りやすい分量)

ジンジャーシロップ（P28）・ピーナッツバター各大さじ2、シーザードレッシング（市販）大さじ1をよく混ぜ合わせる。

ジンジャーシロップ

ツナのオーロラパスタ

ジンジャーシロップ

▶ **材料と作り方** (作りやすい分量)

パスタ100gは半分に折り、袋の表示通りにゆでる。ゆで上がったらザルに上げて水で洗い、水けをきったらオリーブオイル大さじ1をからめる。ボウルにパスタ、薄切りにして塩もみをしたきゅうり1本分、薄切りにして水にさらした玉ねぎ½個分、汁ごとのツナオイル漬け缶70g、マヨネーズ大さじ3、トマトケチャップ大さじ1、塩・こしょう各少々、みじん切りにしたジンジャーシロップ（P28）のしょうが適量を入れて混ぜ合わせる。

ジンジャーマッシュポテト
P82参照

しょうがトマトソース

P76参照

お正月のワクワクオードブル

ナッツとかぼちゃの ジンジャーサラダ 生ハム巻き

ジンジャー
シロップ

▶ **材料と作り方**（作りやすい分量）

ゆでたかぼちゃ200g、ミックスナッツ40g、ドライフルーツ10g、ジンジャーシロップ（P28）のしょうが20g、マヨネーズ大さじ5、シーザードレッシング大さじ2、塩・こしょう各少々を混ぜ合わせる。食べやすい大きさに分け、生ハム適量を巻く。さっと揚げた麩適量をのせ、シーザードレッシング（市販）適量をかける。

もずくとあかもく、 長いもの しょうが酢の物

しょうが酢

▶ **材料と作り方**（作りやすい分量）

ボウルに中華くらげ（市販）75g、乾燥あかもく大さじ1、もずく（市販）50g、皮をむいてたたいた長いも50g、しょうが酢（P30）大さじ3を入れて和える。フライパンにピザ用チーズを入れ、溶けて固まったら適当な大きさに割り、添える。

ジンジャー 明太クリームチーズ

ジンジャー
シロップ

▶ **材料と作り方**（作りやすい分量）

クリームチーズ20g、明太子10g、マヨネーズ・ジンジャーシロップ（P28）各大さじ1を混ぜ合わせ、バゲット適量にぬる。

刺身こんにゃく

▶ **材料と作り方**（作りやすい分量）

しょうが鶏そぼろ（P86）適量、たたいたミックスナッツ適量を混ぜ合わせ、刺身こんにゃく適量にかける。

色んな味わいと
食感が楽しめる

もずくとあかもく、
長いものしょうが酢の物

刺身
こんにゃく

ナッツとかぼちゃの
ジンジャーサラダ
生ハム巻き

ジンジャー
明太クリームチーズ

天かすやお麩の
トッピングでかわいく！

トコさんの
かわいいおやつ

特別な道具は使わずに、身近にあるものでおやつ作り。
アイシングやチョコレートをかけるのは、
子どもたちといっしょに楽しめるのでおすすめです。

\ 素朴な味わいで、アイシングは子どもとも楽しめる！ /

松竹梅しょうがビスケット

ジンジャー
シロップ

▶ **材料** (作りやすい分量)

<u>ジンジャーシロップ</u>（P28）のしょうが… 20g

A
- 薄力粉… 150g
- ベーキングパウダー… 2g
- コーンスターチ… 20g
- きなこ… 20g
- 砂糖（またはきび砂糖）… 50g

B
- 溶き卵… 1個分
- 油… 大さじ3
- 水… 大さじ2

C
- 粉砂糖… 100g
- 卵白… 30g
- レモン汁… 少々

チョコレート・カラースプレー… 各適量

▶ **作り方**

1 ジンジャーシロップのしょうがは細かく切り、
  Aはふるう。

2 ボウルに1、Bを入れて泡立て器でよく混ぜ、
  ラップに包んで15分ほど冷蔵庫で休ませる。

3 2を麺棒などで5〜6mm厚さに伸ばし、松竹梅
  の型で抜き、オーブンシートの上に並べ、予熱
  した180度のオーブンで10〜15分焼く。

4 Cをよく混ぜ合わせてアイシングを作り、3等
  分に分け、抹茶パウダーといちごパウダーをそ
  れぞれ混ぜ合わせる。3をデコレーションし、
  チョコレートやカラースプレーをかける。

素朴な味わいに、
ついつい手が伸びる！

ふんわりと
しょうが風味

豆腐揚げパン

ジンジャー
シロップ

しょうが
ガーリック
オイル

▶ 材料 (作りやすい分量)

A
絹ごし豆腐…150g
ジンジャーシロップ(P28)…大さじ2
しょうがガーリックオイル(P32／
　またはオリーブオイル)…大さじ1
レーズン…20g
塩…少々

ホットケーキミックス…150g
揚げ油…適量
チョコレート・カラースプレー
・ミックスナッツ(たたく)…各適量

▶ 作り方

1 ボウルにAを入れ、泡立て器でよく混ぜる。ホットケーキミックスを加え、さっくりと混ぜる。

2 160度の揚げ油にぬらしたスプーンで1をすくって落とし、3〜4分揚げる。

3 2をチョコレート、カラースプレー、ミックスナッツでデコレーションする。

＼ しっとりとした生地に、
レーズンの甘みがやさしく広がる ／

ジンジャー
シロップ

しょうが
ガーリック
オイル

豆腐蒸しパン

▶ 材料 (作りやすい分量)

A
絹ごし豆腐…150g
ジンジャーシロップ(P28)…大さじ2
しょうがガーリックオイル(P32／
　またはオリーブオイル)…大さじ1
レーズン…20g
塩…少々

ホットケーキミックス…150g

▶ 作り方

1 ボウルにAを入れ、泡立て器でよく混ぜる。ホットケーキミックスを加え、さっくりと混ぜる。

2 蒸し器にペーパータオルを敷き、1をくっつかないように分けてのせ、15分ほど蒸す。

Memo

形が不恰好でも問題なし！ 豆腐のふわふわ生地で体も心も癒されます。毎日のおやつにおすすめです。

ジンジャーシロップと
レーズンのやさしい甘さ

お酒4種

お気に入りのお酒を作って、
大人のリラックスタイムを楽しんで！

> レモンを搾って
> 爽やかな一杯に

ジンジャー
シロップ

ジンジャーレモンサワー

▶ 材料と作り方（作りやすい分量）

焼酎適量にジンジャーシロップ（P28）
適量を入れ、氷、炭酸水を注ぎ入れ、レ
モンを搾る。

> 定番ドリンクも
> 手作りシロップで
> 一味違う！

ジンジャー
ハイボール

ジンジャー
シロップ

▶ 材料と作り方（作りやすい分量）

ウイスキー適量にジンジャーシ
ロップ（P28）適量を入れ、氷、
炭酸水を注ぎ入れる。

> 関西では定番。
> 病みつきになること
> 間違いなし！

ガリ酎

▶ 材料と作り方（作りやすい分量）

焼酎適量にガリ（P65）を入れ、
氷、水を注ぎ入れる。

> お好みの
> フルーツで仕込む
> 時間も楽しい！

梅酒しょうがの
サングリア

▶ 材料と作り方（作りやすい分量）

密閉瓶にぶどう・オレンジ・レ
モン（お好みのフルーツ）・し
ょうがの皮各適量を入れ、梅酒
を注ぎ入れ、1日以上おく。氷
を入れてロックでも、ソーダ割
りにしても。

名店『生姜料理しょうが』で

大人気メニューとおつまみレシピ

生姜料理しょうがで出している大人気のメニューたち。
トコさんの原点であるチャーハンや、
いかすみを使った黒カレーなど、
おいしくてうなること間違いなしです。

ごはん＆
麺メニュー

お店で大人気のレシピたちを大公開！
とっておきのしょうがレシピを、
ぜひ作ってみて。

いかすみがなければ、
黒くはないけど、おいしいしょうがカレーに

黒カレー

▶ 材料 (3〜4人分)

牛こま切れ肉… 200g

玉ねぎ… 2個

バター… 20g

A
- しょうが(みじん切り)… 10g
- にんにく(みじん切り)… 1かけ分
- カレー粉・小麦粉… 各大さじ3
- チリペッパー… 小さじ1
- ベイリーフ… 1枚
- ターメリック・ガラムマサラ・コリアンダー・ナツメグ・オレガノ… 各小さじ⅓
- クミンシード… 少々
- 塩・こしょう… 各適量

B
- 水… 800㎖
- 酒… 大さじ2
- 固型洋風スープの素… 2個
- いかすみ… 小さじ2

しょうが至福漬け(P65)・あられ… 各適量

▶ 作り方

1 玉ねぎは粗みじん切りにする。

2 フライパンにバター、1、Aを入れて中火で炒め、香りが出てきたら、牛肉を加えて焦がさないように中火で炒める。Bを加え、とろみが出るまで弱火で20〜25分煮る。

3 器に2を盛り、あられを散らし、しょうが長いもナン、しょうが至福漬けを添える。

しょうが長いもナン

▶ 材料 (作りやすい分量)

長いも… 60g

A
- すりおろししょうが… 5g
- 小麦粉… 200g
- 水… 200㎖
- ベーキングパウダー… 小さじ1
- 塩・こしょう… 各少々

ごま油… 大さじ1

▶ 作り方

1 長いもはすりおろし、Aと混ぜ合わせる。

2 フライパン(またはフッ素樹脂加工のホットプレート)にごま油を中火で熱し、1を流し入れ、両面を焼く。

真っ黒なカレーに
カラフルなあられの彩り

寒い冬に
アツアツを食べたい!

\ まろやかなホワイトソースにじゃがいもがよく合う /

ホクホクポテトドリア

▶ 材料 (2〜3人分)

じゃがいも … 1個
バター … 20g

A ┃ しょうが (みじん切り) … 5g
┃ 玉ねぎ (みじん切り) … ½個
┃ ベーコン … 50g

ごはん … 1膳
塩・こしょう … 各適量
ホワイトソース … 1缶
牛乳 (または豆乳) … 150㎖
ピザ用チーズ … 適量

▶ 作り方

1 じゃがいもは薄切りにして耐熱皿に並べ、ラップをかけて電子レンジで3分ほど加熱する。

2 フライパンにバター10gを中火で熱し、溶けはじめたらA、ごはんを加えて炒め合わせ、塩、こしょう各少々で味をととのえる。

3 鍋にホワイトソース、牛乳を入れて中火にかけ、泡立て器などでよく混ぜ、クリーム状になったら塩、こしょう各少々で味をととのえる。

4 耐熱皿にバター10gを塗り、2、1、3の順に入れ、ピザ用チーズをのせる。予熱した200度のオーブンで15分ほど焼く。

Memo
ホワイトソースの下にしょうがトマトソース (P76) を重ねるアレンジもおすすめ。

カップでごはんの形を
ととのえて！

\ 野菜と豆がごろごろ入ったやさしい味わいのカレー /

鶏肉とさつまいものジンジャーホワイトカレー

▶ 材料（2〜3人分）

鶏むね肉… 1枚
玉ねぎ… 2個
さつまいも… 100g
にんじん… 小1本
バター（または しょうがガーリックオイル ／P32）
　… 20g（大さじ2）

A
- しょうが（みじん切り）… 10g
- カレー粉… 大さじ1
- クミンシード・ガラムマサラ… 各少々

ミックスビーンズ（水煮）… 50g
水… 800㎖
酒… 大さじ2
ホワイトソース… 1缶
牛乳… 150㎖
塩・こしょう… 各少々
ごはん… 1膳
紅しょうが… 適量

▶ 作り方

1 鶏肉は食べやすい大きさに切り、玉ねぎは粗みじん切りにする。さつまいも、にんじんは食べやすい大きさの乱切りにする。

2 鍋にバターを中火で熱し、1、Aを入れて炒める。玉ねぎが透き通ったら、ミックスビーンズ、水、酒を加える。蓋をずらしてのせ、弱火で20分ほど煮込んだら、ホワイトソース、牛乳を加えて全体を混ぜ合わせ、塩、こしょうで味をととのえる。

3 器にごはんを盛り、周りに2をかけ、紅しょうがを添える。

Memo

市販のホワイトソースとしょうがの相性も抜群。紅しょうがをごはんにのせて、味にパンチをつけて。

ラードを使うと
お店で食べる
チャーハンに！

たっぷりのかつお節をかけて！
やみつきの納豆チャーハン

しょうが納豆
ベーコンチャーハン

▶ 材料（1人分）

しょうが（みじん切り）…5g

ベーコン…50g

長ねぎ…5cm

ラード…大さじ1

卵…1個

納豆…1パック

ごはん…1膳

A ┃ 昆布茶…小さじ1
　 ┃ 塩・こしょう…各適量

しょうゆ…小さじ1

かつお節…適量

▶ 作り方

1 ベーコンは1cm幅に切り、長ねぎは粗みじん切りにする。

2 フライパンにラードを強火で熱し、卵を割り入れてさっと炒めて端に寄せ、納豆、1、しょうが、ごはんを加えて卵と炒め合わせる。Aを加えて味をととのえ、しょうゆを回しかける。

3 器に盛り、かつお節をのせる。

Memo　和洋折衷の食材が
　　　　絶妙な組み合わせ

納豆と卵だけでなく、ベーコンとラードの旨みをプラスするのがポイント。仕上げに加えるかつお節がさらに旨みを引き立て、しょうがのみじん切りも全体の味を引き締めます。ラードの代わりに、しょうがガーリックオイルを使えばもっとさっぱりとした味わいに。

5色おにぎり

しょうが炊き込みごはん

▶ 材料 (2合分)

米…2合
しょうが (みじん切り)…10g
白だし…大さじ2
酒…大さじ1
水…適量 (2合の目盛りまで)

▶ 作り方

1 米は研いでザルに上げ、30分ほどおく。
2 炊飯器の内釜にすべての材料を入れて炊く。

しょうが納豆のり巻き

▶ 材料と作り方 (作りやすい分量)

納豆1パック、せん切りにした青じそ1枚、しょうが至福漬け (P65) 大さじ½を混ぜ合わせ、しょうが炊き込みごはん50gをにぎり、のり適量を巻く。

タラのしょうが梅でんぶ

▶ 材料と作り方 (作りやすい分量)

タラ1切れは魚焼き器で焼いてほぐし、皮を取り除いて鍋に入れる。しょうが (みじん切り) 5g、しょうゆ・酒・砂糖・みりん各大さじ1、種を取り除いてたたいた梅干し1個分、かつお節少々を加え、10分ほど煮きる。にぎったしょうが炊き込みごはん50gにのせ、白いりごまをふる。

しょうが豚肉巻き

しょうが
だしつゆ

▶ 材料と作り方 (作りやすい分量)

フライパンにしょうがだしつゆ (P36／またはめんつゆ)・水各大さじ2、砂糖小さじ1を入れる。しょうが炊き込みごはん50gをにぎり、豚薄切り肉1枚を巻いたら転がしながら中火で焼く。天かすをのせる。

生ハム巻き

▶ 材料と作り方 (作りやすい分量)

しょうが炊き込みごはん50gにたたいたくるみ適量を入れて混ぜてにぎり、生ハム適量を巻いてあられ適量をのせる。

しょうが明太
チーズサーモン巻き

ジンジャー
シロップ

▶ 材料と作り方 (作りやすい分量)

クリームチーズ10g、明太子少々、ジンジャーシロップ (P28) 小さじ1を混ぜ合わせる。にぎったしょうが炊き込みごはん50gにのせ、サーモンの薄切り適量を巻く。

しょうが納豆
のり巻き

生ハム巻き

カラフルで楽しい！
お花見やピクニックにも

タラの
しょうが梅でんぶ

しょうが明太
チーズサーモン巻き

しょうが豚肉巻き

105

しょうが酢飯が
さっぱりとおいしい！

＼ トッピングをのせて見栄えも◎。特別感のある仕上がりに ／

しょうが押し寿司3種

しょうが酢飯

しょうが酢

▶ **材料と作り方** (作りやすい分量)

ボウルにごはん2合分、しょうが酢 (P30)
大さじ2を入れ、うちわであおぎながらしゃ
もじできるように混ぜる。

塩さばの押し寿司

▶ **材料と作り方** (作りやすい分量)

型にしょうが酢飯2膳分を入れ、その間に青じそ
適量を挟む。焼いてほぐした塩さば半身、かつお
節ひとつまみ、白いりごま少々を混ぜ合わせての
せ、型に押し込み、おぼろ昆布・麩各適量をのせる。

スモークサーモンの押し寿司

▶ **材料と作り方** (作りやすい分量)

型にしょうが酢飯2膳分を入れ、その間に混ぜ合
わせたクリームチーズ30g、たたいたカシュー
ナッツ10g、マヨネーズ大さじ1を挟む。スモー
クサーモン50gをのせて型に押し込み、いくら
適量をのせる。

うなぎの押し寿司

▶ **材料と作り方** (作りやすい分量)

型にしょうが酢飯2膳分を入れ、型に合わせて切
ったうなぎの蒲焼き (市販) をのせ、型に押し込む。
たたいた粒山椒 (または粉山椒) をのせる。

具だくさんの
混ぜごはんを
たっぷりつめこんで！

お揚げに染みただしと、しょうがのきいたごはんがおいしい！

しょうが丸太ごはん

しょうが
だしつゆ

▶ 材料（2本分）

油揚げ…2枚

A
┃ しょうがだしつゆ（P36／またはめんつゆ）
┃ …大さじ3
┃ すりおろししょうが…5g
┃ 砂糖…大さじ2
┃ 水…200㎖

ごぼう・にんじん・玉ねぎ・しいたけ…各20g

しいたけ…1個

しょうが酢飯（P106）…2膳分

▶ 作り方

1 油揚げは開き、熱湯で油抜きをする。

2 ごぼうは叩いて細かく切って水にさらす。に
んじん、玉ねぎ、しいたけは細かく切る。

3 鍋に1、Aを入れ、弱火で10分ほど煮て、油
揚げの汁けを軽く絞る。鍋に残った煮汁に2
を入れ、弱火で15分ほど煮る。

4 ボウルにしょうが酢飯、汁けをきった3の野
菜を混ぜ合わせる。

5 ラップの上に3の油揚げを広げ、4をのせ、
丸太状に形をととのえる。

Memo

しょうが酢飯はしょうが酢があれば、ごはんに混ぜるだけ
だから簡単。節分の恵方巻きとしてもおすすめ。

いつものそうめんが
豪華に！

いろんなタレを選べるから、
飽きずにたくさん食べられる！

そうめん3種
満足しょうが
つけダレ

しょうがつけダレ

しょうが
だしつゆ

▶ 材料 (2人分)

しょうがだしつゆ (P36／またはめん
つゆ)・水各100㎖を混ぜ合わせ、3
つに分けて薬味を適宜入れる。

おろし
ゆずこしょう

▶ 材料と作り方 (1人分)

しょうがつけダレ適量に大根おろし・みょうが各適量、ゆずこしょう小さじ1、小口切りにした小ねぎを入れる。

納豆めかぶ
しょうがダレ

▶ 材料と作り方 (1人分)

ポリ袋にひきわり納豆1パック、さっとゆでて輪切りにしたオクラ2〜3本、皮をむいた長いも20gを入れてたたき、しょうがつけダレ適量に入れる。

しょうがごまダレ

▶ 材料と作り方 (1人分)

しょうがつけダレ適量にゆでた豚しゃぶ肉適量、白練りごま・白すりごま各大さじ1を入れる。

ひんやりソルベは、溶けると濃厚なタレに

大根とハムの冷やし中華そばと
しょうが黒ごまダレソルベ

▶ **材料** (1人分)

中華そば…1玉
付属の冷やし中華のタレ（ごまダレ）…1袋
大根・ロースハム・レタス・水菜…各適量
ワンタンの皮…2〜3枚
しょうが黒ごまダレソルベ…適量

▶ **作り方**

1 大根、ロースハム、レタスはせん切り、水菜はざく
　切りにする。ワンタンの皮はせん切りにして揚げる。

2 袋の表示通りに中華そばをゆでて器に盛り、付属の
　冷やし中華のタレをかける。1をのせ、周りにしょ
　うが黒ごまダレソルベを散らす。

しょうが黒ごまダレ ソルベ

しょうが だしつゆ　しょうが酢

▶ **材料と作り方**（作りやすい分量）

黒ねりごま・しょうがだしつゆ（P36／またはめんつ
ゆ）・しょうが酢（P30）各大さじ1、砂糖大さじ½、
水大さじ3を混ぜ合わせ、冷凍用保存袋などに入れて
薄く平らにならし、3時間ほど冷凍庫で冷やし固める。

ワンタンの皮を揚げて
食感のアクセントに

揚げフォーは
あんの上に乗せれば
パリパリ食感が続く！

サクサクであと引く旨さ！
揚げフォーは一度お試しあれ！

揚げフォーの
しょうがキムチ野菜あんかけ

▶ 材料 (1人分)

しょうがガーリックオイル(P32／または油)
　…大さじ2
豚こま切れ肉…50g
長ねぎ…10cm
白菜 (またはキャベツ)…1枚
赤パプリカ…¼個
もやし…½袋
うずらの卵 (水煮)…2〜3個
塩・こしょう…各少々
昆布茶…小さじ1

A｜しょうがだしつゆ(P36／またはめんつゆ)
　　…大さじ2
　｜キムチ…50g
　｜水…100ml

水溶き片栗粉…水大さじ1＋片栗粉大さじ4
フォー麺…50g
揚げ油…適量
小ねぎ (小口切り)…適量
ごぼうジンジャーラー油…適量

▶ 作り方

1 豚肉は食べやすい大きさに切り、長ねぎは薄い斜め切りにする。白菜は食べやすい大きさに切り、赤パプリカはせん切りにする。

2 鍋にしょうがガーリックオイルを強火で熱し、豚肉を炒める。火が通ったら残りの1、もやし、うずらの卵を加え、塩、こしょう、昆布茶を加えて全体を混ぜ合わせる。Aを加えてさらに混ぜ、水溶き片栗粉を加えてとろみをつける。

3 180度の揚げ油でフォー麺を揚げる。

4 器に2を盛り、3をのせ、小ねぎを散らす。お好みでごぼうジンジャーラー油をかける。

自家製ラー油の旨さに
やみつき間違いなし！

保存期間
冷蔵
2ヵ月

ごぼうジンジャーラー油

▶ 材料と作り方 (作りやすい分量)

ボウルに、たたいて1cm幅に切り、水に10分ほどさらしたごぼう30g、薄切りにしたにんにく3かけ分、みじん切りにした長ねぎ50g、桜えび大さじ1、みじん切りにしたしょうが20g、しょうがだしつゆ(P36／またはめんつゆ)・砂糖各大さじ2、甜麺醤・一味唐辛子各大さじ1、赤唐辛子 (輪切り)・粉山椒各小さじ1を入れて混ぜ、180度に熱したごま油150ml、サラダ油50mlを加えてよく混ぜる。保存容器に入れる。

パパッと作れる
絶品おつまみ

しょうが風味のおつまみは
お酒がすすむこと間違いなし！
夕飯やお弁当にあと一品ほしいときにも◎。

苦味のある
ゴーヤをつまみに
グビっと飲みたい！

\ モチモチのチヂミとプリプリのえびの食感が楽しい一品 /

えびとゴーヤのしょうがチヂミ

しょうが
ガーリック
オイル

▶ 材料 (2人分)

ゴーヤ… 100g
むきえび… 10匹

A
| しょうが(みじん切り)… 5g
| 水… 150㎖
| 小麦粉… 70g
| 片栗粉… 30g
| 玉ねぎ(すりおろし)… 30g
| 塩・こしょう… 各少々

しょうがガーリックオイル(P32／
またはごま油)… 大さじ1
しょうがピリ辛ダレ… 適量

▶ 作り方

1 ゴーヤは半分に切り、ワタを取り除く。薄切りにし、塩少々
（分量外）でもみ洗いをしたら、水けを絞る。

2 ボウルに1、むきえび、Aを入れて混ぜ合わせる。

3 フライパンにしょうがガーリックオイルを中火で熱し、2
を流し入れ、両面を焼く。

4 器に盛り、しょうがピリ辛ダレを添える。

\ ラー油の量を調節して好みの辛さに！ /

しょうがピリ辛ダレ

しょうが
だしつゆ

▶ 材料と作り方 (作りやすい分量)

ボウルにみじん切りにした長ねぎ10㎝分、みじん切りにし
たしょうが5g、すし酢100㎖、しょうがだしつゆ(P36／ま
たはめんつゆ)大さじ2、ラー油小さじ1を混ぜ合わせる。

ごま豆腐の天ぷら

▶ 材料 (2人分)

ごま豆腐… 1個
天ぷら粉・溶き卵… 各適量
A｜ しょうがみそソース (P68／またはみそ)
　　…大さじ2
　｜ ゆずこしょう…小さじ½
すりおろししょうが…適量

▶ 作り方

1 ごま豆腐は4等分に切り、天ぷら粉をまぶし、
　溶き卵にくぐらせる。
2 180度に熱した揚げ油で1を揚げる。
3 器に盛り、混ぜ合わせたAをかけ、すりおろし
　しょうがをのせる。

ゆずこしょうの香りと
辛味がアクセント

お店でも人気の一品。
簡単だから作ってみて！

間違いない組み合わせ！
お店でも大人気の一品

チーズと青じその
しょうがチーズ春巻き

▶ 材料 (2人分)

春巻きの皮… 2枚
さけるチーズ… 2本
青じそ… 2枚
しょうが (せん切り)… 適量
A｜ 水…大さじ2
　｜ 小麦粉…大さじ1
揚げ油…適量

▶ 作り方

1 春巻きの皮は半分に切り、さけるチーズは半分
　に裂く。
2 春巻きの皮に半分にちぎった青じそ、さけるチ
　ーズ、しょうがをのせて巻き、混ぜ合わせたA
　を皮に塗って閉じ、180度の揚げ油で揚げる。

ポカポカ ジンジャースープ

しょうがは加熱することで、
体を温める効果がアップ。
スープでいただくのがおすすめです。

豆乳としょうがで
ほっこり温まる

＼ 貝柱の旨みが溶け込んで、あっという間に飲み干しちゃう！／

やさしいしょうがスープ

▶ 材料 (2人分)

はるさめ (乾燥)…20g
貝柱水煮缶…65g
長ねぎ…適量

A
水…100㎖
豆乳…200㎖
鶏がらスープの素…大さじ2
すりおろししょうが…5g

塩・こしょう…各少々

▶ 作り方

1 長ねぎは薄切りにする。

2 鍋に汁ごとの貝柱水煮缶、1、Aを入れて煮
立てる。はるさめを加えて5分ほど煮たら、塩、
こしょうで味をととのえる。

Memo

食欲のない日や、寒い日の朝に食べたいスープ。豆乳とし
ょうがでやさしい味わいの一品です。

じゃがいもとカリフラワーの ジンジャーポタージュ

▶ **材料**（2〜3人分）

じゃがいも…1個
玉ねぎ…½個
カリフラワー…200g
A｜しょうが（みじん切り）…10g
　｜水…400㎖
　｜ごはん…⅓膳
B｜牛乳…200㎖
　｜鶏がらスープの素…大さじ1
塩・こしょう…各適量
クルトン（市販）…適量

▶ **作り方**

1 じゃがいも、玉ねぎ、カリフラワーは乱切りにする。

2 鍋に1、Aを入れ、柔らかくなるまで煮る。ミキサー（またはフードプロセッサー）に入れ、クリーム状になるまで攪拌する。

3 2を鍋に戻し入れ、Bを加えて温め、塩、こしょうで味をととのえる。器に盛り、クルトンをのせる。

Memo

カリフラワーの代わりにさつまいもを使ってもおいしい！
季節の野菜を使うと、バリエーションが広がります。

スープが染みた
クルトンがおいしい

かわいらしい
ピンク色は
ビーツを使って

\ 栄養たっぷりのビーツを使った冷製スープ /

里いもとビーツのしょうがガスパチョ

▶ 材料（2人分）

しょうが（みじん切り）…5g
ビーツ…80〜100g
里いも…200g
赤パプリカ…¼個
玉ねぎ…½個
ごはん…50g
水…400㎖
鶏がらスープの素・酒…各大さじ2
塩・こしょう…各適量
はるさめ（トッピング用）…適宜

▶ 作り方

1 ビーツ、里いも、赤パプリカ、玉ねぎは一口
　大に切る。

2 鍋に材料をすべて入れ、弱火で15分ほど煮る。

3 ミキサー（またはフードプロセッサー）に 2
　を入れ、クリーム状になるまで撹拌する。粗
　熱が取れたら、冷蔵庫で冷やす。お好みで揚
　げたはるさめをトッピングする。

Memo

はるさめを揚げたものをトッピング。見た目のかわいさだ
けではなく、パリパリとした食感がアクセントになります。

コーンを入れて
食べ応えを
アップさせても◎

\ 定番スープにもしょうがをプラス /

しょうがコーンクリームポタージュ

▶ **材料 (2人分)**

A
- えのきだけ（1cm幅に切る）… ¼袋分
- すりおろししょうが… 5g
- コーンクリーム缶（粒入り）… 180g
- 水… 100㎖
- 酒… 大さじ2
- 洋風スープの素… 大さじ1

牛乳… 100㎖
塩・こしょう… 各少々
揚げ玉… 少々

▶ **作り方**

1 鍋にAを入れ、弱火で10分ほど煮る。

2 1に牛乳を加えて温め、塩、こしょうで味をととのえる。

3 器に盛り、揚げ玉をのせる。

Memo

子どもから大人まで大好きなコーンスープにもしょうがをプラス。ふんわり香る程度なので、子どもも食べられます。

お手軽デザート

砂糖の代わりにジンジャーシロップを使って、
デザートを作ってみましょう。
どれもしょうがとの相性抜群です。

水あめを使わない
手軽な大学いも

\ カリッとしたくるみがアクセントに！ /

くるみとさつまいものしょうが大学いも

▶ 材料（作りやすい分量）

さつまいも…300g
ジンジャーシロップ（P28）…100㎖
揚げ油・くるみ・白いりごま
　　…各適量

▶ 作り方

1 さつまいもは乱切りにする。

2 180度の揚げ油で1を中に火が
　通るまで揚げる。

3 鍋にジンジャーシロップを入れ、
　沸騰してきたらくるみを入れ、
　5分ほど煮る。

4 器に2を盛り、3をかけて白い
　りごまをふり、からめて食べる。

ジンジャー
シロップ

Memo

ジンジャーシロップを煮
詰めることで、揚げたさ
つまいもにからみやす
い！しっかりしょうがも
感じます。

しょうが入りは
手作りこその味わい！

\しょうがが甘みを引き立てる上品なおやつ/

しょうがの水ようかん

▶ **材料**（2個分）

ジンジャーシロップ（P28）…大さじ2
寒天（顆粒）…2g
熱湯…150㎖
ぜんざい（市販）…150g
ジンジャーシロップのしょうが…適量

▶ **作り方**

1 熱湯に寒天を入れて溶かし、ぜ
んざい、ジンジャーシロップを
加えてよく混ぜ合わせる。

2 器に流し入れ、冷蔵庫で1時間
以上冷やす。みじん切りにした
ジンジャーシロップのしょうが
をのせる。

ジンジャー
シロップ

Memo

コクのあるジンジャーシ
ロップと、ぜんざいの甘
みの相性は抜群！ じょ
うがの爽やかな風味が夏
にぴったり。

タピオカを入れて、
トレンドおやつに

\ 疲れたときにじんわり染みる、和風の甘味 /

和風しょうがあずきタピオカ

▶ 材料 (1人分)

タピオカ (小粒)…30g

A │ ジンジャーシロップ (P28)
　 │ …大さじ1
　 │ ぜんざい (市販)…50g

ジンジャーシロップのしょうが・
ミント…各適量

▶ 作り方

1　たっぷりの湯でタピオカを1時間ほ
　　どゆで、ザルに上げて冷水で洗い流
　　し、ヌメリを取る。

2　器に1を盛り、混ぜ合わせたAをかけ、
　　ジンジャーシロップのしょうが、ミ
　　ントを添える。

ジンジャー
シロップ

Memo

タピオカと市販のぜんざ
いをジンジャーシロップ
でまとめた一品。牛乳や
豆乳に入れて、タピオカ
ドリンクにしてもOK。

カップいっぱいの
桃ゼリーにオリジナル
ソースをかけて

\ 桃の甘みとしょうがの辛味が絶妙にマッチ！ /

桃ジンジャーゼリー

▶ **材料**（2個分）

桃…1個
ゼラチン…5g
湯（80度）…250㎖

A｜ジンジャーシロップ（P28）・
　　練乳…各適量

B｜ホイップクリーム・ミント
　　…各適量

▶ **作り方**

1 桃は皮をむいて種を取り、食べやす
　い大きさに切り、耐熱グラスに入れ
　てラップをかけ、電子レンジで3分
　加熱する。

2 ゼラチンを湯で溶かし、1に静かに
　注ぎ入れ、粗熱がとれたら冷蔵庫で
　1時間以上冷やす。

3 2に混ぜ合わせたAをかけ、Bをのせる。

ジンジャー
シロップ

Memo

ゼリーの甘みにもジンジ
ャーシロップが大活躍。
練乳を加えることで濃厚
な味わいに。桃は旬のも
のをぜひ。

甘酸っぱい
ブルーベリーソース
が美味

\ソースで手軽にしょうががとれる！/

ヨーグルトしょうがブルーベリーソース

▶ 材料 (1人分)

プレーンヨーグルト（無糖）… 適量
しょうがブルーベリーソース … 適量

▶ 作り方

器にヨーグルトを盛り、しょうが
ブルーベリーソースをかける。

しょうが
ブルーベリーソース

▶ 材料と作り方 (作りやすい分量)

鍋にブルーベリー150g、砂糖100g、みじん切
りにしたしょうが15g、水400㎖を入れ、弱火
で20分ほど煮る。

Memo

しょうがブルーベリーソ
ースは、まとめて作って
保存を。ヨーグルトのほ
か、料理やデザートにも
使えます（保存期間は冷
蔵で約1ヶ月）。

ジンジャーシロップ
とコーヒーの
組み合わせが◎

\ コーヒーの苦味はそのまま！ 大人のかき氷をお家で /

ジンジャーミルクコーヒーかき氷

▶ 材料（1人分）

コーヒー（市販）…適量

A ┃ 練乳・ジンジャーシロップ（P28）
　┃ …各適量

▶ 作り方

1 氷皿などにコーヒーを入れ、冷
　凍庫で凍らす。

2 かき氷器で1を削り、混ぜ合わ
　せたAをかける。

ジンジャー
シロップ

Memo

市販のコーヒーをそのま
ま凍らせておくと、ひと
味違うかき氷に。練乳と
ジンジャーシロップで大
人味に。

さくいん

しょうがの万能調味料

トコさんのお部屋

料理だけではなく、陶芸や裁縫、絵や歌など、マルチに活躍するトコさん。こだわりの
詰まった仕事や趣味、日々の生活を、トコさんが撮った写真といっしょに紹介します。

陶芸について

料理にしょうがを入れることをこだわるのと同じくらい、器も大切。
私のお店で使う器はすべて私の手作り。おいしさ倍増の秘訣です。

お店の器は
すべて手作り

富士山は
スタッフの手作り

動物がモチーフの
箸置き

裁縫について

原点である裁縫は、いまも私の生活に欠かせません。
洋服やエプロンのほか、使わなくなった服のリメイクでバックを作ったりも。

原点である
仕事着屋のお店

ジーンズの端切れで
バック作り

母は刺繍の先生。
もちろん刺繍も手掛けます

アクセサリー作りについて

自分で作った洋服に合わせるアクセサリーも、手作りにこだわっています。
乾燥させたしょうがや野菜で作るのも私らしくてお気に入り。

自分が身に着ける
アクセサリーも手作り

同じものは作らない!
だからピアスも左右非対称

みかんの皮を使ってブローチ作り。
楽しみながら考えるSDGs

監修者
平柳 要（ひらやなぎかなめ）

医学博士。これまでしょうがなどの食材研究の第一人者として、テレビやラジオ、雑誌などで活躍し、実験や研究などで裏付けされている科学的根拠にもとづいた発言で信頼を得ている。

著者
森島 土紀子（もりしま ときこ）

1953年生まれ。女子美術大学卒業。1992年、アパレルショップ「仕事着屋しょうが」をオープン。1994年に店舗の半分を改装し、「生姜料理しょうが」をはじめる。"しょうが女神""元祖ジンジャラー"として、すべての料理にしょうがを使ったメニューが評判となり、「生姜料理しょうが」「生姜軟骨料理がらがら」「祝茶房紅拍手」の3店の生姜料理専門店を営む。しょうが料理アドバイザー、造形作家、コーラスグループ「ザ・じんじゃ〜ず」主催としても活躍。美肌と健康ライフにも注目が集まりテレビや雑誌などで幅広く活躍。著書は『生姜料理専門店オーナーシェフが教える たっぷりしょうがレシピ』（亜紀書房）、『しょうが女神の簡単おつまみ127』（小学館）など多数。

本書に関するお問い合わせは、書名・発行日・該当ページを明記の上、下記のいずれかの方法にてお送りください。電話でのお問い合わせはお受けしておりません。
●ナツメ社webサイトの問い合わせフォーム
　https://www.natsume.co.jp/contact
●FAX（03-3291-1305）
●郵送（下記、ナツメ出版企画株式会社宛て）
なお、回答までに日にちをいただく場合があります。正誤のお問い合わせ以外の書籍内容に関する解説・個別の相談は行っておりません。あらかじめご了承ください。

ナツメ社Webサイト
https://www.natsume.co.jp
書籍の最新情報（正誤情報を含む）は
ナツメ社Webサイトをご覧ください。

からだ ととの
体が整う
とっておきのしょうがレシピ

2023年 2 月 7 日　初版発行
2023年 4 月20日　第 3 刷発行

監修者　平柳 要　Hirayanagi Kaname,2023
　　　　ひらやなぎかなめ

著者　　森島土紀子　©Morishima Tokiko,2023
　　　　もりしまときこ

発行者　田村正隆

発行所　株式会社ナツメ社
　　　　東京都千代田区神田神保町1-52
　　　　ナツメ社ビル1F（〒101-0051）
　　　　電話 03-3291-1257（代表）
　　　　FAX 03-3291-5761
　　　　振替 00130-1-58661

制作　　ナツメ出版企画株式会社
　　　　東京都千代田区神田神保町1-52
　　　　ナツメ社ビル3F（〒101-0051）
　　　　電話 03-3295-3921（代表）

印刷所　大日本印刷株式会社

撮影 —————————— 安部まゆみ
デザイン ——————— 蓮尾真沙子（tri）
スタイリスト ————— ダンノマリコ
イラスト —————————— 鈴木衣津子
写真協力 —————————— ピクスタ
編集協力／執筆協力 — 丸山みき（SORA企画）
編集アシスタント —— 樫村悠香（SORA企画）
編集担当 ————————— 遠藤やよい（ナツメ出版企画）

ISBN978-4-8163-7313-8
Printed in Japan
〈定価はカバーに表示してあります〉〈乱丁・落丁本はお取り替えします〉